AF507101

Felicidade Teixeira-Massiou,
112, avenue de l'Adour 64600 Anglet

FELICIDADE TEIXEIRA-MASSIOU

ESPERO,
QUE TON CŒUR TE GUIDE

Chers lecteurs, je vous dédie ce livre en souhaitant qu'il vous aide à être vraiment vous-même.
Je dédie également ce livre à ma mère, à mon mari Franck, à ma sœur, à ma nièce, à mes amis. Merci d'être dans ma vie.
Je te dédie ce livre, à toi, papa.

Table des matières

Chapitre 1 : Mon pays

Je suis Victor Valeur. Je suis là aujourd'hui pour vous parler du Manuscrit secret de l'évolution. Je sais que vous êtes toutes et tous impatients de connaitre le Grand Principe de la Feliz Vida. Voilà plus de vingt ans que j'ai découvert Le Manuscrit, celui dont tout le monde ignorait l'existence, ou presque. Installez-vous confortablement, je vais vous révéler son secret.

Pour le comprendre, voici mon histoire.

« Bonjour Monsieur, votre billet s'il vous plait ! »

La voix du gardien du train me fit sursauter.

« Excusez-moi si je vous ai fait peur. Nous, les gardiens parlons fort car beaucoup de voyageurs ne nous entendent pas à cause du bruit de la locomotive.

— Ne vous en faites pas, j'étais simplement dans mes pensées. Tenez monsieur.

— Mr Victor Valeur. Mais dites-moi, vous êtes un membre de la famille d'Espero ?

— Oui, Espero était le frère de mon grand-père Claudio.

— Bon retour parmi nous Mr Valeur. »

Je plongeai à nouveau dans mes pensées.

Espero… 14 ans que je n'avais plus entendu parler de toi. Tu n'as cessé d'être dans mes pensées et dans mon cœur. Comme le temps passe… J'ai 32 ans depuis quelques semaines et je reviens au pays de la Félicité. Je suis tellement heureux de revoir mes parents, j'ai tant de choses à leur raconter. Bien sûr nous avons échangé beaucoup de lettres, de photos, mais j'ai envie de les voir, de les sentir, de les prendre dans mes bras. Joana me rejoindra dans une semaine, je vais enfin pourvoir leur présenter ma future femme. La préparation de notre mariage va…

Subitement, je ressentis comme une angoisse. Une phrase que m'avait dite mon père me vint à l'esprit : **tu peux rester dans le train et voir ta vie défiler à travers la vitre, ou bien descendre du train pour la vivre pleinement.** Cette phrase eut soudain comme un goût amer, elle résonnait en moi comme un message.

Le train arriva en gare et je me précipitai pour descendre.

Mon père était là, sur le quai, il m'attendait. L'émotion me figea un instant ; je regardai ses cheveux blancs et les traces que les années avaient laissées sur son visage ; je lisais dans son regard tout le bonheur qu'il ressentait à cet instant précis. J'étais encore un enfant lorsque je suis parti. À peine un mois après la Grande Cérémonie, j'avais décidé de quitter le clan des Aventureux avec Robin. J'avais 18 ans.

« Victor… Viens-là que je t'embrasse mon garçon ! Comme tu m'as manqué ! »

Que peut ressentir un père en voyant son fils après toutes ces années ? Son fils qui est devenu un homme. Il est là, les bras tendus, il me regarde. Je photographie cet instant pour qu'il reste à jamais gravé dans ma mémoire.

« Papa… »

Je me blottis dans ses bras. Je pleurais de joie. Il me serra fort et nous restâmes un moment l'un contre l'autre ; nous avions envie que le temps s'arrête.

J'essuyai mes larmes :

« Que c'est bon de te revoir !

— Victor, tu nous as beaucoup manqué. Ta mère appréhendait tellement ces retrouvailles qu'elle s'est trouvée toutes les excuses pour t'attendre à la maison.

— À la maison ?

— Ne t'inquiète pas Victor, j'ai vu avec le chef du clan et j'ai obtenu une dérogation pour que tu puisses nous rendre visite en journée. J'ai su le convaincre, mais ne t'attends pas à une haie d'honneur. »

Je fus presque choqué par ce mot « dérogation », le monde dans lequel j'avais grandi était tellement différent de la société dans laquelle je vivais avec Joana… J'avais quitté le clan des Laborieux et refusé de signer le Pacte, je n'étais donc pas le bienvenu. Mon père me prit à nouveau dans ses bras.

« Je me suis dit que tu aurais peut-être envie de renter à pied, de revoir tous ces endroits emplis de souvenirs de ton enfance. Je vais t'aider à porter tes bagages.

— C'est une excellente idée papa. »

Alors que mon père me racontait les anecdotes du village, je regardais tout autour de moi.

Le parc… où nous nous retrouvions César, Robin et moi après l'école. Je nous imaginais tous les trois.

Je crus apercevoir une silhouette sur le banc…

Espero.

Je souris en repensant à cette belle rencontre. Je l'imaginais avec mon cahier à la main.

« Tu dois être ému de revoir le terrain de jeu de ton enfance ?

— Oui, je suis ému. Ce parc a changé ma vie. »

Après avoir échangé avec mon père pendant ces deux kilomètres qui séparaient la gare de la maison, je l'aperçus enfin.

Mon cœur se mit à battre en entrevoyant la silhouette de ma mère qui était assise près du puits. Elle manifestait son impatience en se frottant les mains, les yeux fixés sur le sol.

Je posai ma valise et me précipitai pour l'embrasser.

« Maman, je … »

Tout était dit, nous étions enlacés, submergés par l'émotion.

Ma mère ne pouvait plus parler. Elle avait attendu ce moment et l'avait redouté tout autant.

« Mon fils… Je … ive pas … parler.»

Elle sanglotait, ses mots étaient presque imperceptibles. Je la gardai contre moi un long moment, lui caressant ses cheveux comme pour l'aider à s'apaiser. Je lui pris son visage entre mes deux mains, les larmes roulaient sur mes joues :

« Tu es magnifique maman. Tu es plus belle que jamais !

— J'ai les cheveux blancs » me répondit-elle déboussolée

Sa réponse me fit rire.

« Ma chère et tendre maman, comme je t'aime. »

Sentir sa chaleur, son parfum … Quel moment intense de bonheur. Elle sécha ses larmes, regarda un peu partout comme perdue puis :

« Joana n'est pas là ?

— Elle sera là dans une semaine. Ses obligations professionnelles l'ont retenue. Nous allons pouvoir passer du temps ensemble et en profiter pour se retrouver. Maman, le temps qui passe n'a fait que te sublimer.

— Oh tu es gentil Victor. Ta vieille mère ne t'a jamais oublié tu sais. Manuelo, tu lui as annoncé la bonne nouvelle ? Victor, tu es autorisé à venir nous voir et à passer la journée avec nous ! Et tu ne pourras pas dormir chez nous. Le pacte…

— Nous l'interdit, je sais maman. »

La déception fut de courte durée :

« Les Aventureux t'ont préparé la maison d'Espero. Personne n'y a dormi depuis son décès. » me dit mon père pour me consoler.

Ne voulant pas les blesser, je décidai de ne pas leur dire que la perspective de dormir dans la maison d'Espero me réjouissait. Je ressentis à cet instant précis que ma vie ne serait plus jamais comme avant, un peu comme lorsque mon père et moi avions fait le chemin des intentions. Dans ce jardin de mon enfance, entouré de mes parents, je retrouvai mon insouciance ; je me sentis apaisé, libéré des contraintes, comme un enfant qui rêve d'une vie meilleure...

« J'ai très envie de rentrer dans la maison, j'imagine que rien n'a changé ! Notre jolie maison en forme de champignon, que de souvenirs…

— Prends ton temps, nous t'attendons ici. » me dit ma mère soupirant de soulagement.

Je pénétrai dans ma chambre : mon lit en bois avec sa petite bibliothèque intégrée à la tête de lit, la petite table qui me servait de bureau et mes dessins de cabane de jardin que j'avais accrochés au mur juste au dessus. C'était mon univers, mon cocon que j'avais quitté pour suivre mon chemin. Installé sur mon lit, les yeux fermés, je me laissai aller.

Je suis devenu Architecte dans le pays de la Prospérité, j'ai rencontré Joana pendant mes études, et nous ne nous sommes plus jamais quittés. Je travaille beaucoup et je m'accorde peu de temps pour les loisirs. Joana est directrice d'une école et elle rentre tard le soir. Nous sommes souvent fatigués, usés par tant d'heures de travail. J'aime ma vie, j'ai une bonne situation, nous allons nous marier et nous voulons acheter une belle maison. J'avais besoin de revenir ici, je me suis arrangé pour arriver quelques jours avant parce que je voulais me retrouver un peu, me ressourcer avant les préparatifs.

« Victor, nous avons des invités !

— J'arrive Maman. »

Mon cœur se mit à battre en entrevoyant la silhouette de ma mère qui était assise près du puits, manifestant son impatience en se frottant les mains, les yeux fixés sur le sol.

Chapitre 2 : La surprise

J'ouvris la porte et je vis un homme qui devait avoir l'âge de mon père et une jeune femme rousse avec des taches de rousseur. Je les rejoignis dans le jardin.

« Lola Libertade !

— Victor Valeur ! »

Lola mit ses bras autour de mon cou et je me sentis rougir. J'étais gêné par tant de familiarité ; elle était devenue une jolie jeune femme pleine de charme : des cheveux longs bouclés, un regard très perçant, une petite taille de guêpe, une démarche de danseuse raffinée et une spontanéité dans son attitude qui finissait par me mettre à l'aise.

« Tu as beaucoup changé.

— Tu n'es pas mal non plus Victor ! »

J'étais très heureux de la revoir. Je m'approchai d'Hugo.

« Alors Victor ? Il parait que tu vas te marier ? Félicitations ! »

Le père de Lola me prit par le cou.

— Merci! J'espère pouvoir vous présenter Joana. Elle sera là dans une semaine. Et toi Lola ? Tu n'es pas mariée ?

— Et non Victor ! Qui me supporterait ? »

Je souris. La présence de Lola, sa fraicheur et son enthousiasme avait réveillé chez moi des émotions que nous avions partagées à l'Auberge des Signes. Je retrouvai son espièglerie dans sa façon de parler. Je repensai à ce matin où elle m'avait parlé de Carlito.

« Nous allons préparer le mariage prévu l'année prochaine. Nous sommes en pleine négociation avec le chef du village pour que le mariage puisse avoir lieu dans notre clan. Pour le moment, c'est un peu compromis, il refuse parce que Victor n'a pas signé le Pacte. Mais j'ai bon espoir. Je suis le technicien de maintenance du moulin depuis des années et j'ai des relations.

— J'avais oublié ces règles ! Pourquoi faire les choses simplement lorsqu'on peut tout compliquer ? »

Lola leva les yeux au ciel pour manifester son incompréhension.

« Victor, j'aurai le plaisir de faire la connaissance de Joana ! Nous restons deux semaines chez mon oncle dans le clan des Aventureux. Et en attendant, si tu n'es pas trop pris par les préparatifs, on pourra passer un peu de temps ensemble, qu'en penses-tu ?

— Je suis ravi Lola! D'ailleurs je n'ai pas eu l'occasion de te remercier de nous avoir conseillé l'Auberge de Dolores… Une grand-mère intéressante, c'est bien ça ? »

Nous rîmes ensemble, cette complicité me faisait du bien.

« Nous allons rejoindre mon frère, je ne voudrais pas arriver trop tard. Et si nous prenions le petit-déjeuner ensemble demain matin ? Venez nous rejoindre ou vous risquez d'avoir des ennuis avec le chef du clan des Laborieux, nous ne devrions pas être ici.

— C'est une excellente idée Hugo ! » lui répondit mon père.

« Victor, mon père m'a dit que tu allais dormir dans la maison d'Espero. Accepterais-tu de me la faire visiter ? Il a marqué mon enfance. J'en ai tellement entendu parler ! J'ai grandi avec lui en quelque sorte.

— Avec plaisir Lola. J'ai hâte de la découvrir, tu ne peux pas imaginer… »

Hugo et Lola laissèrent une note de bonne humeur dans notre fin de journée.

Je vis quelque chose tomber de l'une des poches de Lola; il était trop tard pour les rattraper, ils étaient déjà bien loin. Je m'approchai et découvris un petit papier annonçant une pièce de théâtre à Hermitito qui s'intitulait : **Il est dans mon cœur.**

Juste en dessous, on pouvait lire :

L'amour inconditionnel c'est certes aimer l'autre sans condition et c'est aussi l'encourager à être vraiment lui-même et lui présenter chaque jour son plus beau reflet.

Je décidai d'emporter ce papier avec moi. Je préparai mes affaires pour les déposer dans la maison d'Espero avant le diner. Mon père m'avait confirmé que la clef serait sur la porte.

Je ne pus m'empêcher de penser à cette jolie description de l'amour inconditionnel.

Est-ce donc cela le véritable Amour ? On se rencontre, on partage un bout de chemin ensemble, on éprouve des sentiments l'un pour l'autre. Comment savoir si c'est la bonne personne ?

Cette question que je venais de me poser m'interpela.

La peur du mariage certainement…

Un petit mot était accroché à la porte d'entrée :

Bienvenu dans le paradis d'Espero.

Chapitre 3 : Le paradis

J'ouvris la porte de la maison d'Espero.

Il se dégageait une grande sérénité dans cette magnifique pièce de vie baignée de lumière qui passait à travers la grande baie vitrée. Cette maison était une belle réalisation, tout avait été pensé. Le salon était spacieux, meublé simplement avec des matériaux nobles. La présence du bois donnait une ambiance chaleureuse à cet endroit ; j'aperçus au loin la cuisine avec son espace de travail en pierre naturelle.

Je posai ma valise et fis une visite complète de ce joli chalet en bois.

La porte de la Chambre d'Espero est fermée. Que vais-je découvrir en l'ouvrant ?

C'était magnifique… Un véritable musée d'objets de navigation, juste ce qu'il fallait pour ne pas surcharger la pièce. Un baromètre et un sextant en laiton, une longue vue posée sur sa boite de rangement en bois, et une magnifique boussole… Un coffret de plumes de calligraphie et son porte plume en bois avec ses deux petits pots d'encre. Et une vieille et grande carte marine. Une odeur agréable d'encens se diffusait dans la chambre. Je me sentais chez moi.

La dame qui s'occupe de l'entretien a du passer juste avant mon arrivée.

« Monsieur Valeur ? Vous êtes là ? Pardon de vous déranger, je suis Maria, je m'occupe de l'entretien de cette maison. »

Je sortis de la chambre pour l'accueillir.

« Bonjour Maria, je suis enchanté de faire votre connaissance. Appelez-moi Victor ! Tout est parfait, merci beaucoup.

— Est-ce que je peux vous prendre un peu de votre temps et partager un café avec vous ?

— Avec plaisir ! »

Cette femme avait une soixantaine d'année, elle était très agréable.

« Vous savez Victor, avant je travaillais chez les Prestigieux, je m'occupais de l'entretien du Manoir de la famille des Choyers.

— Ah oui ? Vous connaissez César alors ?

— Oh que oui ! Vous savez, j'ai soixante quatre ans, je l'ai vu naître et grandir. Je travaillais pour ses grands-parents à l'époque. Des gens très bien, un peu autoritaires mais très gentils. Ils se sont bien occupés de moi.

— Occupés de vous ?

— Tenez, votre café, venez vous installez à table. »

Je m'exécutai.

« Oui Victor, je leur dois tout. Nous étions quatorze enfants, mon père était parti travailler à l'étranger et n'est revenu que quinze ans plus tard. Il nous a laissés sans ressource ; alors pour que je puisse manger à ma faim et préparer mon avenir, ma mère m'a placée dans cette riche famille comme servante. J'avais douze ans et j'avais très peur. J'ai tout appris chez eux. Je cuisine comme personne !

— Vous n'avez pas eu une vie facile.

— Je ne voyais ma famille qu'une fois par an. Monsieur Jules disait que c'était mieux parce que j'étais toujours un peu triste lorsque je revenais. J'envoyais de l'argent à ma mère par le postier. J'étais heureuse vous savez Victor, mais comme je ne m'occupais pas des enfants, je ressentais un manque.

— Vous n'aviez pas de contact avec le père de César, vous ne l'avez pas élevé ?

— Non, moi je m'occupais de leur perroquet ! Picoto. »

Maria fit une pause, elle semblait nostalgique.

« Picoto était gris avec un bec noir et des yeux jaune-vert. Il était très intelligent, c'était leur deuxième bébé.

— Un perroquet ? César a du le connaitre alors ?

— Oh que oui ! Picoto était malin et jaloux, il insultait César dès qu'il s'approchait de lui : ***« César le salopard ! »*** et il répétait en boucle ! Il ne faisait pas que répéter, il enregistrait les mots et faisait ses propres phrases. »

Je comprends mieux pourquoi César ne m'en a jamais parlé !

Maria vivait son histoire en me la racontant, elle rayonnait ; j'étais touché par sa sincérité, et j'imaginais Picoto.

« Vous savez Victor, je me fâchais souvent après lui. Il était fusionnel avec Monsieur Jules le grand-père de César mais il ne m'aimait pas beaucoup. Un jour, alors que je préparais le diner, je devais avoir 14 ans, Picoto me surprit en train de manger des olives dans la cuisine. Je n'avais pas le droit, Monsieur Jules et Madame Cornelia ne voulaient pas que je grignote. Ce soir-là, à peine avaient-ils passé le pas de la porte que Picoto s'était mis à courir pour les rejoindre et leur avait dit en tournant sur lui-même et en battant des ailes *« Maria, elle a mangé, elle a mangé, des olives, des olives… »*

— Et ils vous ont réprimandée ? »

Elle imitait Picoto à la perfection ce qui me faisait rire. Elle-même en pleurait ! Elle me répondit en essuyant ses larmes :

« Evidemment ! Je n'avais pas le droit ! Mais ce n'est pas tout, le lendemain, Picoto n'a cessé de m'ennuyer. Nous venions de recevoir ce nouvel appareil très bruyant pour aspirer le sol de la maison. Le bruit l'agaçait ; à peine je commençais à aspirer qu'il me débranchait la prise avec son bec ! J'ai du l'enfermer dans sa cage. Nous avions ordre de le laisser en liberté la journée en prenant soin de ne surtout pas ouvrir les fenêtres. Et la nuit, il dormait dans sa cage. Il avait une deuxième cage sur le balcon, mais il insultait tous les promeneurs ! »

Quel moment de plaisir ! Je me régalais !

« Picoto, ne dit rien ce soir-là de peur que je l'enferme à nouveau. Je vais vous confier un secret… »

Elle s'approcha de moi en chuchotant, comme si elle avait peur qu'on entende ce qu'elle allait m'avouer.

— Le jour suivant, j'étais dans la cuisine et Picoto était venu me surveiller ; j'étais gourmande et j'adorais les olives. Il m'avait tellement énervée la veille, j'étais excédée. Pour m'assurer qu'il ne dirait rien à ses maîtres, je le mis dans la cave dont la porte était dans la cuisine, juste le temps de grignoter un peu. Je ne sais pas ce qui m'a pris ce jour-là. Le problème est que je l'ai oublié, il y est resté 40 minutes. En réalisant, j'ai vite ouvert la porte et il me regardait en tremblant. Il ne supportait pas le noir et était sensible à la température. Je m'en suis tellement voulu ! Je l'ai réchauffé avec un linge et il est parti vexé se cacher. Heureusement il n'avait rien.

— Le pauvre… il n'a rien dit à ses maîtres ?

Maria cessa de chuchoter et d'un air malicieux me répondit :

— Oui et non… En entendant la clef dans la serrure de la porte d'entrée, il s'est précipité. Je me suis dit que c'était la fin pour moi, ils allaient me renvoyer c'était sûr. Je l'aimais ce perroquet, je n'avais pas mesuré les conséquences de mes actes. Picoto se mit à tourner sur lui-même, très énervé, en battant des ailes et en criant ***« Maria, elle m'a mis, elle m'a mis, elle m'a mis … »***

— Et ? »

J'imaginais la scène et ne pouvais m'empêcher de rire.

« Il ne savait pas dire le mot CAVE… J'étais sauvée. Ils m'ont demandé ce qu'il avait, et j'ai répondu innocemment que je ne savais pas. Je n'ai plus jamais recommencé bien entendu, c'était stupide ! J'étais jeune et naïve vous savez. Picoto, lui, a continué à les suivre partout dans la maison, essayant en vain de raconter ce qui lui était arrivé. Ils finirent par s'agacer et lui demandèrent d'arrêter. Et il s'exécuta. »

Maria se leva et je la remerciai pour ce moment de rires partagés.

« À demain Maria.

— À demain Victor ! »

Picoto… que c'était drôle…

Je réalisai alors que Picoto était resté dans la mémoire de cette femme qui des années plus tard en parlait encore.

N'était-ce pas cela le paradis ? Exister après sa mort dans la mémoire des personnes… J'en suis convaincu.

Je me dirigeai vers la chambre, je pris une feuille et après avoir trempé la plume dans l'encre noir, j'écrivis ces mots :

Nous cherchons à savoir ce qui se passe après la mort. Et si nous cherchions à exister éternellement dans cette vie à travers la mémoire de ceux qui restent ? Des écrits, des paroles, une anecdote ou de simples souvenirs permettent de faire revivre ceux que nous avons aimés et qui ne sont plus là.

Le paradis, c'est de savoir que nous resterons dans les pensées et dans le cœur de ceux que nous laissons, le paradis, c'est de continuer à vivre à travers eux.

Picoto

Le paradis c'est de savoir que nous resterons dans les
pensées et dans le cœur de ceux que nous laissons, c'est de
continuer à vivre à travers eux.

Quelqu'un frappa à la porte. Je m'étais assoupi et ce bruit me fit sursauter. On frappa à nouveau. Je regardai par la fenêtre et restai figé quelques secondes.

« Je n'arrive pas à y croire ! Robin ! Mon fidèle ami ! Et toi, César … Comme tu as changé ! J'ai eu du mal à te reconnaitre !

— C'est une manière délicate de me dire que j'ai pris 20 kilos ! Viens là ! »

Nous nous prîmes dans les bras, heureux de nous retrouver.

« On ne va quand même pas pleurer ! César, Victor, allons nous installer dans le jardin ! Profitons de cette magnifique journée ensoleillée pour nous raconter nos vies respectives !

— Tu as raison Robin ! Je suis tellement ému… Installez-vous, j'apporte à boire ! »

César m'expliqua qu'il était marié avec une femme de bonne famille depuis plus de dix ans.

« Je suis heureux, je ne manque de rien. J'ai la chance d'avoir une rente à vie, mon père a tout prévu pour moi. Il ne veut pas que je travaille. J'avoue que cela me convient bien. Il me demande en contrepartie de toujours faire attention à mon apparence. L'image de la famille… Isabella et moi venons d'avoir un bébé, une petite-fille, elle s'appelle Carlotta. Nous avons mis plusieurs années pour avoir Carlotta. Nous avons vu plusieurs médecins et traversé des moments difficiles. Mais aujourd'hui, tout va pour le mieux !

— Félicitations ! J'ai hâte que tu me présentes ta petite famille ! Tu te rends compte Robin ? César est marié et père de famille.

— Qui l'eut cru ? César, papa d'une petite fille ! Tes parents doivent être aux anges. Et bien, moi, ma mère ne cesse de me demander quand elle sera enfin grand-mère. Encore faut-il que je trouve la femme qui acceptera de m'épouser !

— C'est certain ! Tu ne tiens pas en place ! » lança César.

Mes deux amis se mirent à se bagarrer comme au bon vieux temps. Je les regardais amusé, j'avais l'impression que le temps s'était arrêté. Toutes ces années sans les voir…

— Et toi Robin ? Nous sommes partis ensemble, et je me souviens que tu voulais découvrir le monde. J'ai décidé de rester au pays de la Prospérité pour étudier l'architecture. Toi, tu es parti. Alors ? Raconte-nous !

— Et bien j'ai beaucoup voyagé. J'ai découvert d'autres pays, d'autres cultures, d'autres croyances parfois très différentes des nôtres. Et j'ai rencontré des personnes formidables. Ce qui m'a beaucoup marqué, c'est que nous ne sommes pas tous égaux dans notre manière de concevoir la vie. Certains vivent dans la sérénité et la joie et d'autres… vivent dans la peur.

— La peur ?

— Oui, la peur. » Robin fit une pause, puis :

« J'ai séjourné au Pays de la Méfiance où les habitants ne se parlaient plus. Ils ne se touchaient pas, se disaient à peine bonjour et restaient à distance les uns des autres.

— Pourquoi ne se parlaient-ils pas? Ils étaient contagieux ?

— En quelque sorte oui César. Ils disaient qu'il fallait se protéger à cause d'un poison transmissible. Le fait de mettre une distance avec les autres les protégeait.

— Mais c'est incroyable! Je n'ai jamais entendu une chose pareille ! A notre époque, nous n'avions pas le droit de nous fréquenter si nous n'étions pas du même clan, mais au sein d'un même clan, nous pouvions être ensemble. De quel genre de poison s'agit-il?

—Oui je sais Victor. Ils l'appelaient le « mal-à-dire ». Le gouverneur du pays était persuadé que moins les personnes communiquaient entre elles, plus elles seraient dociles et obéissantes. Le poison « le mal-à-dire » polluait le pays de la Méfiance.

— Je ne comprends pas Robin. Quel est ce poison ?

— La liberté de s'exprimer et de dire ce que l'on pense. C'est ce que le gouverneur appelait « le mal-à-dire ». Cela provoquait beaucoup de conflits entre eux, alors il a décidé de leur interdire de se côtoyer.

— Mais… Leur vie n'était pas en danger ? Comment les habitants pouvaient être aussi crédules ?

— César, on leur faisait croire que leur vie était en danger. On leur disait que ce poison engendrait beaucoup de nervosité chez les personnes fragiles et qu'il était responsable de problèmes importants. Ils recevaient des prospectus dans leur boite aux lettres tous les jours. Ils ont fini par y croire. »

César leva les yeux au ciel en mettant ses mains sur la tête :

« Donc, tu es en train de nous dire que les personnes s'empêchaient de vivre par peur de mourir, c'est bien ça ? Il ne manquerait plus qu'ils leur interdisent aussi d'embrasser leur famille et leurs proches ! »

Cette idée nous sembla aberrante et nous fit sourire.

Chapitre 5 : La clef secrète

Cette journée me fit prendre conscience de ma capacité à enfouir mes émotions négatives. Pendant toutes ces années, je ne m'étais pas autorisé à parler du manque que je pouvais ressentir. J'étais très attaché à mes racines et je m'étais senti rejeté par mon clan lorsqu'à 18 ans, je pris la décision de ne pas obéir aux règles de vie que les Laborieux voulaient m'imposer. J'avais vécu cet évènement comme une véritable injustice.

J'étais fatigué par le voyage, et pourtant, après avoir diné avec mes parents, je décidai de passer par le parc avant d'aller me coucher. J'avais pris le soin d'emporter un bougeoir lanterne pour m'éclairer sur le chemin. A peine arrivé dans le parc, je m'installai sur le banc. Pas un bruit… Je n'étais pas habitué à ce silence, je savourais. Je regardai le ciel empli d'étoiles.

Je ne m'accorde jamais de moments pour me recentrer sur moi, me poser et ne rien faire. Je passe mon temps à courir, à remplir mes journées et être dans l'action permanente. Je suis obsédé par mon avenir, et je mets en place les choses pour me garantir une sécurité financière. A quel moment me suis-je interrogé sur ce que l'adulte que j'étais devenu voulait vraiment ?

J'entendis des pas, quelqu'un s'approchait…

« Je ne savais pas que tu étais là Victor.

— Que fais-tu à cette heure-ci seule et dans le noir Lola ?

— Je n'arrivais pas à dormir. Je me suis dit qu'une petite balade nocturne me ferait du bien. »

Lola s'installa près de moi :

« T'es-tu déjà demandé si tu étais heureux Victor ? »

Est-ce que je suis heureux ? Pourquoi je ressens ce nœud dans mon ventre ?

« Je ne me suis jamais vraiment posé la question, enfin je crois. J'ai parfois le sentiment d'avancer sans réfléchir.

— Où est le Victor qui parlait de Liberté ? Je me souviens de ce que tu avais répondu à ton père lorsqu'il t'a demandé quel était le plus beau cadeau qu'il pouvait t'offrir : **La liberté d'être moi-même**.

— Je ne me suis pas écouté Lola.

— Pourquoi dis-tu cela Victor ? N'as-tu pas suivi tes rêves ?

— Ce sont mes peurs qui m'ont motivé et non mes rêves.

— Mais... Tu es devenu architecte, tu as quitté le clan des Laborieux et les règles qu'ils voulaient t'imposer, n'était-ce pas ce que tu souhaitais ? »

Je baissai la tête, puis :

« Je voulais rester dans le clan des Aventureux quelque temps, réfléchir à ce que je désirais vraiment. Mais j'ai fui. En fait, je ne pouvais pas supporter d'être exclu de mon clan, d'être rejeté. J'ai appliqué les conseils d'Espero mais j'ai oublié l'étape la plus importante : **qu'est-ce que tu veux vraiment et que ferais-tu si tu n'avais pas peur ?** Je me suis convaincu que mon rêve était de devenir architecte et … j'ai fini par y croire.

— Je te félicite Victor ! »

Je regardai Lola surpris par ce qu'elle venait de me dire.

« Tu es conscient de tes freins !

— Je ne comprends pas…

— Et bien, tu as parfaitement décrit le mécanisme de tes blocages. Mais tu n'as pas répondu à ma question. Es-tu heureux Victor ? »

Mal à l'aise, je détournai la conversation :

« Et si nous allions discuter autour d'une tisane ? Je suis ton guide pour la visite du château d'Espero ! »

Lola me sourit tendrement, son regard était empli de compassion.

« Je n'ai pas sommeil, allons-y ! »

Lola scruta chaque recoin de la maison d'Espero, comme pour s'imprégner de l'ambiance sereine qui s'en dégageait. En arrivant dans la chambre, elle lu ce que j'avais écrit sur le paradis. Elle ne fit aucun commentaire et remarqua aussitôt la boussole que j'avais posée sur le lit en ouvrant ma valise. C'était le cadeau qu'Espero m'avait fait sur le chemin des Intentions et que j'avais rangé précieusement. Je l'avais mis dans ma valise sans trop savoir pourquoi. Lola l'ouvrit et l'observa méticuleusement.

J'entendis un léger bruit de métal tomber sur le sol en bois. Lola avait quelque chose dans la main.

« Le couvercle de la boussole avait un double fond, il est tombé lorsque j'ai appuyé. Regarde. »

Une petite clef était accrochée à un papier plié. Je la détachai. En dépliant le papier, je reconnu l'écriture d'Espero :

C'est au Mont des Révélations que tu trouveras la véritable clef de ton évolution.

Je n'ai jamais entendu parler du Mont des Révélations. Et dire qu'Espero avait continué à me guider et que je n'avais pas vu le message !

« Je crois que tu n'es pas revenu pour rien Victor !

— Je m'en veux de ne pas avoir vu ce message plus tôt ! Je ne serais peut-être pas parti, je me serais peut-être interrogé sur ce que je voulais vraiment.

— Et tu n'aurais pas rencontré Joana ! Voyons Victor, ce n'était pas le moment pour toi. Arrête de te soucier de ce que tu ne peux pas changer, tu perds ton temps et ton énergie. Tu avais des choses à vivre avant. Et là, je crois que tu es enfin disposé à écouter les signes…

— Tu as raison Lola. Je demanderai à mon père s'il sait quelque chose sur le Mont des Révélations. Mais, parle-moi un peu de toi. Viens, la tisane est prête. »

Lola me raconta qu'elle était devenue Naturalta, une spécialiste en alimentation. Conseillées par les médecins, les personnes venaient la voir pour comprendre comment faire pour bien manger et rester en bonne santé.

Comprenez comment fonctionne votre corps et vous saurez comment vous alimenter.

« Tu te souviens de la roue du moulin qui s'était bloquée ? Ton père aurait pu mettre toute son énergie à huiler la roue et à la remettre en route, sans trouver la cause du problème, cette fameuse pièce métallique qui s'était coincée, le moulin n'aurait jamais pu fonctionner comme avant. Et bien, c'est pareil pour le corps. Il faut chercher la cause du problème. »

C'est fascinant et tellement juste.

Après de longs échanges sur nos vies respectives, je raccompagnai Lola. A mon retour, je m'allongeai sur le lit et je relu le message d'Espero.

La clef

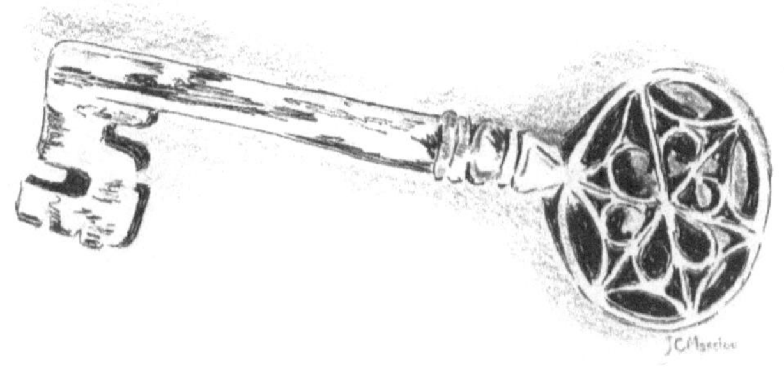

C'est au Mont des Révélations que tu trouveras la
véritable clef de ton évolution.

Chapitre 6 : Le mystère

Avant de rejoindre Hugo et Lola pour le petit-déjeuner, je décidai de passer à la boulangerie des Aventureux. J'aperçus une dame avec son fils qui devait avoir 4 ou 5 ans en sortir. La maman s'excusa auprès de la boulangère qui riait en lui disant :

« Ce n'est rien Anita ! Laisse-le ! Huguito n'a rien fait de mal ! »

Et la dame tirait son fils par le bras. Huguito avait le contour de la bouche plein de chocolat.

« Bonjour, je voudrais du pain s'il vous plait.

— Vous avez vu ça ? J'en ris encore. Anita est venue avec son fils. A chaque fois qu'ils viennent ici, elle lui dit : Huguito, on touche avec les yeux ! Puis elle l'oblige à croiser les bras dans le dos. Je venais de mettre quatre bonhommes de neige au chocolat sur un plateau devant le comptoir. Vous savez ? Ces gâteaux qui ont un corps rond puis une petite boule au dessus en guise de tête. Pendant que sa maman et moi discutions, Huguito a gobé toutes les têtes ! Je ris tellement que j'en ai mal au ventre ! Elle voulait me payer les gâteaux ! Moi j'ai voulu lui offrir, et elle a refusé. Sacré Huguito !

— En même temps, il a obéi à sa mère, il n'a pas touché avec ses mains ! »

Cette anecdote illumina ma matinée. Je partis rejoindre mes parents qui étaient déjà arrivés et m'empressai de leur raconter l'histoire des bonhommes de neige, ce qui mit tout le monde de bonne humeur. Impatient, Je questionnai mes parents sur le Mont des Révélations.

Mon père m'expliqua qu'il existait effectivement trois monts situés à une vingtaine de kilomètres : Le Mont des Révélations, le Mont des Larmes et le Mont des Transformations.

« C'est au Mont des Révélations que tu trouveras la véritable clef de ton évolution. Je ne peux pas t'aider Victor, je ne sais pas ce qu'Espero a bien voulu dire. Je ne suis jamais allé là-bas, le chemin pour y accéder est sinueux et peu fréquenté.

— Tu penses que je pourrais y partir en excursion ?

— J'ai toujours ton sac de marche et une tente. Tu peux dormir près du lac au pied du Mont des Révélations, tu n'auras pas froid. Il paraît que c'est un endroit merveilleux. Hugo te souviens-tu du nom du lac ?

— Le Lac des Evidences. Je n'y suis jamais allé non plus.

— Vous n'allez pas m'en vouloir si je pars quelques jours là-bas ? Je dois m'y rendre, je ne peux pas rester avec cette énigme.

— Victor, nous ne t'avons pas vu pendant quatorze ans mais tu dois poursuivre ton chemin et aller chercher les réponses à tes questions. »

Je n'hésitai pas longtemps. Lola se proposa de m'accompagner et cette idée me ravit.

« Lola, nous partirons demain matin. »

Que vais-je y découvrir ? Quel message Espero a-t-il voulu me transmettre ? Je dois y aller.

Après le petit-déjeuner, je décidai de faire visiter à mes parents et à Hugo la maison d'Espero. La porte de la maison était grande ouverte.

C'est sûrement Maria qui est passée faire un peu de rangement.

En rentrant dans la chambre, je remarquai que quelque chose manquait.

« La longue vue a disparu ! Comment est-ce possible ? Il n'y a jamais eu de vol dans le clan.

— C'est certainement Tatoudie. Il souffre d'une maladie qu'on appelle Oubliette. Il a des pertes de mémoire et pendant ses crises, et bien… il vole. Tout le clan est au courant. Il a volé la table de jardin de mon frère, et la bétonnière de son voisin entre autre. Il les ramène chez lui et les offre à sa femme comme des trophées ; la pauvre passe son temps à chercher à qui appartiennent les objets et à prévenir le chérif qui s'en amuse. Une fois la crise passée, il est comme perdu et ne se souvient plus de ce qu'il s'est passé. Victor, je te conseille d'aller chez lui.

— Je veux bien que tu m'accompagnes Hugo. Tatoudie ? Quel drôle de prénom. »

Lola et son père échangèrent des regards complices. Ils m'accompagnèrent et mes parents partirent chez eux.

« Bonjour Monsieur Tatoudie. »

Lola et Hugo éclatèrent de rire. J'étais imperturbable.

Il rangeait son abri en bois dans son jardin et ne se retourna pas.

« Monsieur Tatoudie ? »

Il me regarda en fronçant les sourcils comme pour manifester une incompréhension.

« Bonjour, Hector. Je peux vous aider ?

— Non Mr Tatoudie, moi c'est Victor. »

Il maintenu ce regard d'incompréhension, comme s'il ne comprenait pas ce que je lui disais. Visiblement quelque chose le gênait. J'entendais Lola et son père glousser sans trop y prêter attention.

« Je viens récupérer la longue vue que vous avez empruntée dans la maison d'Espero.

— Elle est donc à vous ? » s'exprima une dame expirant de soulagement.

« Je suis sa femme, et je vous prie de bien vouloir accepter toutes nos excuses. Je viens tout juste de prévenir le chérif, je ne savais pas à qui appartenait cet objet. Mon mari est malade et …

— Oui je sais. Ne vous en faites pas. Je comprends que ça ne dois pas être facile pour vous.

— Je vois à son regard qu'il n'est plus en crise, vous pouvez vous adresser à lui.

— Je ne vous en veux pas, soyez tranquille Monsieur. Ce n'est pas de votre faute. Je récupère la longue vue et je vous laisse en paix. »

Il me regarda, puis :

— J'étais professeur, je reconnais cette longue vue, elle appartenait à Espero. Il me l'avait montré un soir après l'école. Que fait-elle chez nous ? Sylvia, ce n'est pas de ma faute, c'est Victor qui l'a dit. Victor, t'as tout dit ! »

Pourquoi termine-t-il ses phrases par son prénom ?

« Tout va bien, prenez soin de vous. Merci Mr Tadoudie.

— Non, Hector ! »

Visiblement, on ne se comprend pas !

Je les remerciai et nous partîmes remettre la longue vue à sa place. Hugo prit alors la parole :

« Tatoudie est le surnom d'Hector. C'est comme ça que tout le clan l'appelle parce qu'il termine régulièrement ses phrases par **t'as tout dit !** Il n'a jamais su que nous l'appelions comme ça. Tu nous as bien fait rire. Il te regardait en se demandant pourquoi tu l'appelais Tatoudie ! »

J'étais gêné et je ne pu m'empêcher de rire en repensant à la scène. Hector qui me regardait stupéfait ne comprenant pas pourquoi je l'appelais comme ça.

Lola semblait triste :

« Papa, tu sais je repensais à Carlito et à sa maladie. Ça m'a rendu triste de voir cette femme désemparée. L'amour que l'on a pour nos proches nous fait oublier à quel point on souffre de les voir malades. Cette femme doit faire le deuil du mari qu'elle avait alors qu'il est toujours là avec elle. Mais il n'est plus lui-même. C'est ce qu'on a vécu avec Carlito. Les proches du malade souffrent tellement ...

— Lola, ton frère continuera de vivre à jamais. Comme cette dame, nous avions commencé notre deuil avant de le voir partir. Même si c'était difficile de le faire, cette anticipation nous a aidés à mieux vivre son départ.

— J'ai effacé de ma mémoire toutes ses années de maladie, ce qu'il aurait pu vivre s'il n'était pas tombé malade et cette image de l'enfant alité. Je l'imagine heureux et rieur. Comme si mon cerveau avait effacé ce qui me faisait du mal.

— Nous avons tous nos propres modes de défenses. A quoi bon se repasser les moments de souffrance ? Il nous manque mais ton frère est en paix Lola.

— J'ai trouvé tes écrits magnifiques Victor. Je suis d'accord avec toi. **Le paradis, c'est de savoir que nous resterons dans les pensées et dans le cœur de ceux que nous laissons, c'est de continuer à vivre à travers eux.** Le plus difficile pour moi a été de ne pas pouvoir exprimer ma douleur après son départ. Commencer le deuil de mon frère pendant sa maladie alors que nous savions qu'il était condamné n'était pas acceptable pour moi à cause du regard des autres. **Après tout, il est toujours là,** me disait-on. Et lorsqu'il est parti, on me disait : **ne sois pas triste, tu te doutais bien qu'il allait partir.** Je l'ai entendu le jour de l'enterrement. Accompagner quelqu'un jusqu'à son départ est une épreuve qu'on ne peut pas comprendre si on ne l'a pas vécu. C'est comme si nous ne pouvions pas faire notre deuil : soit c'est trop tôt, soit ce n'est plus justifié.

— Les autres sont souvent maladroits Lola lorsqu'il s'agit d'un sujet qui leur fait peur. La mort est une véritable inconnue et il est important de dire aux enfants que même les adultes ne savent pas ce qu'il y a après la mort. La vie est un trésor précieux, mais nous avons tendance à l'oublier. La chenille devient papillon pour une vie éphémère, il vole, et profite des paysages ; il va là où il veut, survole ce que la nature a de plus beau à lui offrir et se pose pour savourer l'instant. Peu importe le temps qu'il passe sur terre. Tu m'as donné l'exemple de la roue du moulin et bien imagine que la vie est une jolie roue qui tourne et un jour elle s'arrête. »

Je regardais la réaction de Lola à mes mots. Elle retrouva son sourire.

« Merci Victor. »

Le papillon

La chenille devient papillon pour une vie éphémère, il vole, et
profite des paysages ; il va là où il veut, survole ce que la nature
a de plus beau à lui offrir et se pose pour savourer l'instant.

Chapitre 7 : Le messager

Je fermai la porte de la maison après avoir affiché ce petit mot :

Bonjour Maria, je pars trois ou quatre jours en excursion.
Je vous remercie pour le travail que vous faites.
Belle journée à vous.
Victor

Lola était prête :

« 6h du matin… Ce n'est vraiment pas mon heure ! Mais je suis excitée à l'idée de partir à l'aventure !

— Lola, as-tu pensé à prendre la carte ? Il ne faudrait pas qu'on se perde. J'ai la boussole.

— Oui, sois tranquille.

Mon père avait raison, le chemin était sinueux. Après deux heures de marche, nous décidâmes de faire une pause près d'un cours d'eau. Une fois les sacs à dos posés, Lola retira ses chaussures et mit ses pieds dans l'eau. Elle était joyeuse, comme une petite-fille qui découvre les plaisirs simples de la vie pour la première fois.

« Tu devrais me rejoindre Victor ! C'est tellement agréable !

— Je préfère rester là et me reposer un peu. Dis-moi Lola, comment fais-tu pour être toujours aussi pétillante et profiter de la vie avec un regard d'enfant ?

— Je suis comme ça Victor, je m'émerveille de tout. Tant de personnes courent après quelque chose et passe à coté de leur vie. Pourquoi vouloir à tout prix la gloire, l'argent ou je ne sais quoi d'autre ? **La vie est une richesse. L'argent est un moyen de se faire plaisir, et la gloire flatte l'ego.** Et toi Victor, après quoi cours-tu ?

Cette question me met mal à l'aise. Si je suis honnête avec moi-même, j'ai privilégié ma sécurité et ma réussite et l'idée de l'avouer à Lola ne me réjouit pas.

— Je ne sais pas trop quoi répondre. En fait, je ne me suis pas posé toutes ces questions. Je me suis installé au Pays de la Prospérité et j'ai fait comme tout le monde. Depuis mon arrivée ici, je me sens perturbé… J'espère trouver des réponses au Mont des Révélations.

— Victor, ouvre tes yeux et ouvre ton cœur. Les réponses sont en toi et autour de toi. Il te manque la clef pour les ouvrir, tu la trouveras grâce à Espero, j'en suis certaine. »

J'abordai alors le sujet qui me préoccupait depuis le jour de mon arrivée, l'amour inconditionnel. Je demandai à Lola pourquoi elle avait gardé sur elle la petite affiche qui était tombée de sa poche et qui parlait d'une pièce de théâtre. Lola me regarda fixement et me répondit :

« Victor, lorsque tu désires quelque chose, que c'est ancré au plus profond de toi, tu dois y concentrer toute ton attention. Chaque jour, je ferme les yeux, je lis le message à haute voix, je visualise que j'ai atteint mon rêve et je ressens les émotions positives. J'ai ce papier dans ma poche pour me rappeler régulièrement que mon rêve va se réaliser.

— C'est donc ça ton rêve Lola. Et que mets-tu en place pour le trouver ? »

Lola me sourit :

« Mais dis-moi Victor, quelle est cette odeur nauséabonde qui sort de ton sac à dos ?

— J'ai pris un fromage de brebis bien coulant! Je ne pensais pas que l'odeur serait aussi forte…

— Tu as pris un fromage de brebis dans ton sac à dos ? Mais tu es un sacré aventurier ! »

Lola avait raison, je n'avais pas réfléchi. Elle se moquait de moi, ce qui m'amusa.

« Je te prierai de planter ta tente loin de la mienne Victor ! »

Après ce moment de complicité partagé, nous réprimes la route.

Il était à peine 12h lorsque nous arrivâmes. Le paysage était à couper le souffle. Le lac des Evidences était d'un bleu turquoise magnifique.

Nous prîmes le temps de nous reposer un peu et de manger.

Une voix nous fit sursauter :

« Victor ? Vous êtes Victor ? »

Un jeune homme qui devait avoir mon âge s'était empressé de nous rejoindre en courant, il était essoufflé.

— Oui, c'est bien m…

— Oh comme je suis heureux !!! Oh merci ! Merci !!! »

Il leva les bras au ciel, s'agenouilla face au lac puis posa ses mains au sol embrassant la terre.

Je regardai Lola surpris par la présence de cet homme et par son attitude.

« 14 ans… 14 ans que je viens ici tous les jours à 13h00. J'avais fait la promesse à Espero. Je n'y croyais plus ! Espero m'avait confié cette mission en échange de quoi, il avait mis ma famille à l'abri en lui faisant construire une petite maison à 5 kms d'ici, au Pays de la Générosité. Je n'ai pas compris pourquoi il m'avait demandé de venir ici avec cette boîte en bois fermée à clef. Il m'avait dit qu'il ne savait pas combien de temps cela prendrait. 14 ans … Oh Merci la vie ! Pardon, je me présente, je suis Arthuro. »

Lola et moi étions sans voix, ne comprenant pas très bien ce qui nous arrivait.

Espero avait donc tout prévu. Et j'ai mis toutes ces années…

« Je ne sais comment vous remercier Arthuro.

— C'est moi qui vous remercie ! » dit-il soulagé.

Il s'installa près de nous. Le temps était comme suspendu.

Après quelques minutes de silence, je m'adressai à Arthuro :

« Montrez-moi cette boîte s'il vous plait ».

Chapitre 8 : L'éternité

C'est une jolie boîte carrée en ébène qui devait faire une vingtaine de centimètres de diamètre.

La clef qui est tombée de la boussole rentre bien dans la serrure. Mon cœur bat tellement fort !

« Une photographie … Je vois un couple, ils se tiennent la main. C'est une vieille photo en noir et blanc, je ne distingue pas très bien les visages.

— Regarde Victor, juste en dessous cela ressemble à une lettre. »

Lola avait raison, c'était bien une lettre. Arthuro était resté, curieux de savoir ce qu'il transportait dans cette boîte depuis des années. Au dos de la photographie, je reconnus l'écriture d'Espero : **Dora, mon amour pour l'éternité.**

C'est donc Espero et sa femme Dora ? Mais oui… je reconnais au loin la roue du moulin !

Face au lac, entouré de Lola et d'Arthuro, je dépliai la lettre :

Dora, ma Douce,

Je suis sur le départ, je le sens. Sois rassurée ma bien-aimée, je ne suis pas triste.

Je ne sais pas dans combien de temps je vais partir te rejoindre, attends moi je t'en prie.

Voilà 65 ans que tu as pris ton envol, une éternité… Je te l'avais dit, où que tu ailles, je te suivrai.

J'ai fait le bilan de ma vie, de Notre vie, parce que tu es toujours là, à mes cotés. Je sens ta présence, je t'imagine à chaque instant près de moi. Nous nous l'étions juré, nous nous aimons pour toujours et à l'infini.

Mon amour, combien de fois ai-je imaginé te prendre dans mes bras pour une étreinte... Juste une dernière étreinte. Pourquoi ne t'ai-je pas dit plus souvent à quel point je t'aimais ? J'ai appris plus tard que mes blocages m'en empêchaient.

Te souviens-tu de ce que je t'ai dit à ton dernier souffle mon ange ? Envole-toi pour ton dernier voyage ma jolie fée, je te retrouverai quelque part dans l'Univers. Et tu as donné ton dernier soupir. Tu m'as accompagné toutes ces années, tu as été là près de moi, et tu le seras à jamais.

Je sens encore l'odeur de ton parfum à la rose, je vois ton sourire et je t'entends me murmurer : Espero, tu es la plus belle chose que la vie m'ait donnée. Cette phrase que tu me répétais chaque matin au réveil. Oh mon Ange, tu le savais toi que la vie est éphémère, tu le savais vraiment.

Je t'ai vu dans un rêve, tu étais en paix, allongée sur l'herbe, entourée de roses blanches et tu me disais : Espero, pourquoi es-tu triste ? Ça fait tellement longtemps que j'attendais ça. Tu savais que je voulais quitter ce corps qui me faisait tant souffrir. Toi, je ne te quitterai jamais. Je serai là. Une odeur de rose ? Une légère brise qui balaie ton front alors que tu es triste ? De jolis papillons blancs qui te suivent et volent autour de toi ? Une plume blanche sur ton chemin ? Une étoile qui scintille dans le ciel ? C'est moi Espero. Ne me vois-tu pas ?

Ce rêve m'a éveillé. Je ne suis plus triste, je suis apaisé.

Parfois, je pleure en pensant à toi Dora, je pleure de bonheur parce que je sens ta présence. Tu es mon Univers, tu es ma Vie.

Je t'aime Dora.

A très bientôt pour l'éternité.

Espero.

L'émotion était trop forte, nous ne pouvions pas parler. Nous pleurions tous les trois. Après quelques minutes, je repris mes esprits :

« C'est au pied du Mont des larmes que nous aurions du nous installer.

— Mais, vous y êtes Victor.

— Comment ça Arthuro ? La carte m'indique bien que le Mont des Révélations est juste derrière nous ! Regardez, juste ici, le plus petit des Monts.

— Effectivement, mais c'est une erreur. Le Mont des Révélations est celui du milieu. D'ailleurs, nous avons un dicton dans notre village : **Si tu pleures au Mont des Larmes, tu guériras au Mont des Révélations, alors tu pourras évoluer au Mont des Transformations.** Je vous laisse profiter de votre après-midi, je rentre chez moi. Belle soirée à vous deux ! »

Je regardai Arthuro s'éloigner.

Les trois monts

Si tu pleures au Mont des Larmes, tu guériras au Mont
des Révélations, alors tu pourras évoluer au Mont des
Transformations.

Chapitre 9 : La révélation

Lola s'accorda un long moment de détente et s'isola. Je respectai son besoin de silence.

Je décidai de faire un feu. Elle me rejoignit après avoir nagé un peu et alors que la nuit commençait à tomber :

« Comme c'est agréable; j'étais tellement bien dans l'eau que je ne ressentais pas la fraîcheur de la nuit. Merci d'avoir allumé le feu et préparé les tentes Victor. J'ai très faim ! »

Lola avait prévu les repas pour environ trois jours en dosant les quantités pour limiter le poids du sac à dos. Nous restâmes silencieux, nous étions encore très émus de la lettre qu'Espero avait adressée à Dora.

Epuisés par cette journée, nous décidâmes de nous reposer.

Je ne savais pas que les heures qui allaient suivre seraient déterminantes pour mon avenir…

Il devait être 3 heures du matin lorsque Lola me réveilla cette nuit-là. Mes hurlements l'avaient subitement sortie de son sommeil et elle s'était précipitée dans ma tente.

« Victor ! Victor ! Que se passe-t-il ? Réveille-toi ! S'il te plait Victor, réveille-toi, je t'en prie ! »

J'ouvris les yeux et je compris en regardant le visage de Lola que je venais de faire un terrible cauchemar. Je transpirais, j'étais en panique. Je ne pus retenir ce flot de sanglots. Je suffoquais, comme si je me libérais enfin d'un fardeau que je portais depuis tant d'années.

Lola me prit dans ses bras. Elle me chuchota que tout allait bien, qu'elle était là.

« Lola, comment ai-je pu garder tant de souffrances enfouies au fond de moi ? Comment n'ai-je pas vu à quel point j'étais malheureux ? Je ne veux plus de cette vie là Lola. Je veux être libre d'être moi-même. »

Lola me caressait la joue pour m'apaiser, son regard était plein de bienveillance.

« J'ai assisté à mon propre enterrement Lola. Je me suis vu dans ce cercueil, mon corps était là devant moi et je l'observais. Je les ai vu le fermer et j'étais spectateur, je ne pouvais rien faire. Je n'étais pas vieux Lola. En fait, c'était moi aujourd'hui, à 32 ans. Une plaque était posée sur ma tombe : **À Victor, qui n'avait pas conscience du caractère éphémère de la vie, et n'a jamais voulu quitter son confort pour vivre pleinement. Il a tout mis en place pour ne pas être heureux et il a emporté ses regrets avec lui.** C'était tellement réel Lola. J'ai vu Joana, la seule présente à mon enterrement.

— Regarde-moi Victor. Sois tranquille, je suis là. Raconte-moi.

— Elle était d'une telle froideur… Elle ne versait pas une larme. Je me sens seul Lola, tellement seul. Je vais me marier, je suis entouré mais je suis vide. J'ai besoin de m'épanouir, j'étouffe Lola. »

Lola me serra contre elle pendant un long moment, sa présence et sa bienveillance me rechargeaient d'une énergie indescriptible. Je me sentis soulagé d'avoir libéré toutes ces émotions.

« Victor, je dois te dire quelque chose. Il est grand temps que tu saches. Il existe un manuscrit, le Manuscrit secret de l'Evolution. Je suis la seule à connaître son existence. Je l'ai apporté avec moi, il est caché chez mon oncle.

— De quoi parle ce manuscrit ?

— Il révèle le Grand Principe d'une vie heureuse. C'est un guide formidable écrit par Espero.

— Comment as-tu eu ce Manuscrit ?

— Espero me l'avait donné le jour de l'enterrement de Carlito. Je l'avais rencontré ce jour-là mais effondrée par le chagrin, je n'ai pas posé de question. Il m'avait dit : **Garde-le précieusement. Ce manuscrit va t'aider Lola. Je sais que tu es triste, tu as perdu ton frère. Lis chaque chapitre de ce manuscrit et mets-le en application. Tu le partageras mais avant, ta quête sera de comprendre et de vivre l'amour inconditionnel. Le véritable amour est comme le sang qui coule dans tes veines, il est indispensable à la vie. »**

Je ne sus quoi répondre. Je restai là, blotti contre Lola comme un enfant qui a besoin d'être consolé. Epuisés, nous nous endormîmes l'un contre l'autre.

Je me réveillai dans la matinée ; En ouvrant les yeux, je découvris le visage angélique de Lola plongée dans un sommeil profond. Je sortis doucement de la tente, le feu s'était éteint. Je m'assis au bord du lac pour écouter le chant des oiseaux. Il faisait chaud. Je sentis la fraîcheur de l'eau sur mes pieds. J'eu soudain envie de me baigner mais immédiatement je me sermonnai :

Je dois rester concentré sur la raison de ma venue, il n'y a pas de place pour le prélassement. Alors, ce manuscrit…

Je réalisai à ce moment précis que je reprenais le contrôle comme si je ne m'autorisais pas à lâcher-prise.

La liberté d'être moi-même…

C'est alors que je me dévêtis et me jetai à l'eau. Je me mis à crier comme un enfant insouciant qui savoure le plaisir du moment.

Depuis combien de temps n'ai-je pas ressenti un tel plaisir ? Comme c'est bon de retrouver cette innocence.

Lola sortit de la tente les cheveux ébouriffés.

« Tout va bien Victor ?

— Lola, viens me rejoindre ! »

Des larmes de joie coulaient sur mon visage. Ce nœud permanent qui m'empêchait de respirer avait disparu. Lola courut et se précipita dans l'eau. Nous étions deux enfants qui se jetaient de l'eau et qui nageaient en soupirant de bonheur.

« Regarde Victor, tu as planté ta tente au pied du Mont des Révélations hier soir. Tu t'es décalé pour t'éloigner du feu. L'as-tu fais volontairement ?

— Non… Tu as raison Lola, c'est incroyable. »

Chapitre 10 : Le syndrome

« Bonjour Victor ! Il est 13h, je n'ai pu m'empêcher de venir. J'espère que vous avez passé une nuit agréable.

— Bonjour Arthuro, la nuit a été quelque peu mouvementée. J'ai fait un cauchemar et je me sens fatigué. Je ne suis pas heureux, et j'en ai pris conscience. »

Il resta silencieux puis s'installa près de moi.

« Victor, ne m'en veuillez pas mais je crois que vous souffrez du syndrome de la vie éternelle, vous en avez tous les symptômes. Il finit par vous épuiser. Vous savez que vous allez mourir un jour, et pourtant, vous vivez comme si vous étiez immortel. À croire que beaucoup d'entre nous portons le même gène responsable de nos états d'âme, je l'appelle le gène PNEP qui signifie *pensées négatives et émotions paralysantes*.

— Je ne suis donc pas le seul à avoir le sentiment de subir la vie ? Lola est joyeuse et pleine de vie alors qu'elle a vécu des expériences très douloureuses et vous, vous semblez heureux et épanoui. Pourquoi est-ce que je n'arrive pas à ressentir cette joie de vivre permanente, comme tout à l'heure en me baignant ?

— Parce que vous vivez comme un adulte responsable et que vous oubliez votre part d'enfant.

— Je ne comprends pas Arthuro, un enfant se croit éternel et pourtant, il joue, il rit, il ne pense pas à la mort !

— L'enfant est surtout insouciant, il n'a pas conscience du danger. La peur n'est pas une émotion paralysante pour lui, mais plutôt un seuil de sécurité.

— Elle devient paralysante au contact des adultes…

— À partir du moment où il commence à vouloir contrôler les choses. Vous ne pouvez pas contrôler la vie, vous apprenez à vous adapter.

— Pourquoi ne sommes-nous pas éternels ? Nous n'aurions plus ces pensées et émotions qui nous bloquent.

—Vous vivez déjà comme si vous étiez éternel, puisque vous ne savourez pas la vie et pourtant … Vous êtes mortel. La question est plutôt : **Comment faire pour vivre notre vie avec la conscience d'être mortel ?** »

J'eus besoin de réfléchir à ce que je venais d'entendre. Arthuro s'allongea, ferma les yeux en respirant profondément.

Avant de venir ici, ma vie était réglée, cadrée et ne laissait pas de place aux remises en question. Aujourd'hui, je m'aperçois que je suis resté dans le train. Comment faire pour en descendre ? La réponse est peut-être dans le Manuscrit. Lola ne m'avait jamais dit qu'elle avait rencontré Espero. Pourquoi l'a-t-il donné à Lola ? Voulait-il l'aider à surmonter le chagrin du départ de son frère ?

Je décidai d'aller marcher un peu pour me changer les idées. Arthuro semblait endormi, je partis sans faire de bruit.

J'aperçus Lola qui cueillait des champignons. Je la rejoignis pour lui dire qu'Arthuro était là.

« Allons-le rejoindre, nous avons suffisamment de champignons pour nous trois.

— Lola, as-tu lu tous les chapitres du Manuscrit ?

— Non Victor. J'ai lu le premier chapitre. N'ayant pas réussi à le mettre en application, j'ai respecté ce que m'avait dit Espero.

— L'amour inconditionnel, c'est bien ça ? Tu attends de rencontrer la personne qui va partager ta vie et te rendre heureuse ? »

Lola sembla surprise par ce que je venais de lui dire.

« Pas du tout Victor. Tu as cru que je recherchais l'Amour ? Le premier chapitre du Manuscrit s'intitule : **Qui es-tu ?**, son descriptif est le suivant : **Apprend à t'aimer de manière inconditionnelle.** Le message qui est sur la présentation de la pièce de théâtre me permet de me rappeler chaque jour à quel point il est important pour moi de **m'aimer sans condition, de m'encourager à être vraiment moi-même et de mettre au grand jour et à chaque instant mon plus beau reflet.**

— Pourquoi dis-tu que tu n'as pas réussi à l'appliquer ?

— Parce que je vis dans l'ombre de Carlito… Je ne suis donc pas tout à fait moi-même. Je ne laisse pas la femme qui est en moi s'épanouir, je ne m'autorise pas à être la femme que je veux être. Je crois que j'essaie d'atténuer la peine de mes parents en montrant que je suis forte.

— Tes parents semblent pourtant avoir fait leur deuil, non ?

— Sais-tu pourquoi ma mère n'est pas venue avec mon père et moi au Pays de la Félicité ? Parce qu'elle va tous les jours au cimetière et qu'elle a l'impression d'abandonner Carlito si elle part ne serait-ce que quelques jours.

— Espero l'avait pressenti et a voulu t'aider en te donnant ce Manuscrit. Pourquoi n'arrives-tu pas à dépasser ce blocage ?

— Tu te demandes souvent « pourquoi », mais la question la plus juste est « comment ». Comment dois-je faire pour avancer ? Tu ne trouveras jamais de réponse au pourquoi. Moi aussi je cherche la clef pour dépasser ma blessure. La différence est que j'ai ouvert mes yeux et mon cœur, je suis prête à changer. Toi Victor, tu restes dans tes pensées et tes émotions t'envahissent.

— Le syndrome de la vie éternelle et le gène PNEP… »

Nous partîmes rejoindre Arthuro pour déjeuner.

Chapitre 11 : L'histoire

« Arthuro, je suis ravie que vous partagiez ce repas avec nous ! Les moments les plus simples sont souvent les meilleurs. Nous ne connaissons pas grand-chose de vous, racontez-nous votre histoire. J'ai retenu une phrase que vous nous avez dite concernant votre famille. Espero vous a mis à l'abri ? »

Arthuro nous fixa, puis après quelques minutes de silence, il prit la parole :

« Au pays de la Générosité, il existe 2 clans : les Bienfaisants et les Abondants. Les Bienfaisants possèdent peu de choses, vivent simplement et ont besoin de toujours donner pour être heureux. Ils se nourrissent du bien qu'ils apportent aux autres, ils existent à travers leurs dons. S'ils sont récompensés en retour, ils se sentent obligés de toujours donner davantage. Les abondants eux, veulent recevoir en permanence ; leur valeur dépend de ce qu'on leur donne, de ce qu'on leur apporte. Leur générosité est soumise à condition, ils donnent pour recevoir en retour. Il ne s'agit pas que de biens matériels, il s'agit aussi de preuves d'affection, d'amour. »

Il fit une pause et prit quelques bouchées avant de reprendre.

Lola et moi écoutions attentivement, nous étions intrigués par Arthuro. Calme et posé, il se dégageait beaucoup de sagesse de cet homme énigmatique.

« Le Bienfaisants s'épuisent et s'appauvrissent en donnant alors que les Abondants sombrent souvent dans la tristesse puisque obsédés à l'idée de recevoir. Je résumerais cela ainsi : **je donne donc j'existe versus je reçois donc je suis.** Mes parents ont décidé de n'appartenir à aucun de ces clans, nous vivons donc isolés avec quelques autres familles tout près d'ici. Nous voulons qu'un troisième clan soit légalement validé, ce serait le clan des Acceptants. Nous prônons la liberté d'action, et nous nous basons sur le respect de soi et le respect des autres. Notre devise est la suivante : **Faire de ses besoins personnels un moteur et non une priorité**. Nous avons été rejetés et isolés, Espero nous a apporté un confort de vie.

— Mais alors… Espero vous a donné quelque chose avec une contrepartie ? Celle de venir tous les jours ici pour me donner ce coffre en bois ?

— Non Victor, Espero a mis ma famille à l'abri et m'a dit : **Arthuro, ta famille sera à l'abri quelque soit la réponse que tu me donneras. Et si tu acceptes d'aller chaque jour au pied du Mont des Révélations, sache que le jour où tu rencontreras Victor commencera alors le début d'un grand changement.** C'est un échange consenti.

Le début d'un grand changement…

— Vous semblez en paix avec vous-même Arthuro. Quel est votre secret ? Je ne parviens pas à me détacher de ce rôle que je me suis imposé, celui de compenser le départ de mon frère aux yeux de mes parents. Je porte un fardeau, celui de vouloir rendre mes parents heureux.

— Lola, **vous devez parler à votre petite fille intérieure. Vous devez la libérer de ses chaînes. La clef de l'amour inconditionnel est là.**

— Parler à mon enfant intérieur ? Je ne comprends pas.

— C'est simple Lola. L'adulte que vous êtes devenue souffre parce que la petite fille n'est pas guérie. Parlez-lui.

Imaginez là devant vous, demandez-vous ce que vous auriez envie de lui dire pour l'aider. Guérissez ses blessures. Vous êtes prête à changer, je le sens. »

Lola ne répondit pas. Les mots d'Arthuro semblaient raisonner en elle. Elle resta silencieuse.

« Et vous Victor ? Qu'avez-vous envie de dire au petit garçon que vous étiez ?

— Je réfléchis, je …

— Vous voyez Victor, vous froncez les sourcils, vous n'êtes pas prêt. Vous voulez changer, vous savez ce qui est bon pour vous mais vous avez peur. De quoi avez-vous peur ?

— J'ai peur de faire du mal aux autres, de les rejeter comme j'ai été rejeté. Ça m'a fait tellement souffrir.

— Et qui vous dit que vous allez engendrer une souffrance dont le degré ne serait pas tolérable pour les personnes concernées ? **Est-ce que vous pouvez me prouver aujourd'hui que si vous agissez comme vous le voulez vraiment, vous allez faire beaucoup de tort et engendrer de la souffrance ? Si c'est une vérité, prouvez-le-moi.**

— Je ne peux pas le prouver, mais c'est une évidence ! Si je quitte Joana, je vais lui faire de la peine. »

Cette idée que je venais d'exprimer spontanément me déstabilisa. Je baissai la tête, les deux mains posées sur ma nuque.

Arthuro reprit sans commenter ce que je venais de dire :

« Peut-être que vous lui offrirez une vie meilleure en la quittant. Si je comprends bien, vous allez épouser une femme alors que vous n'en avez pas envie ? A votre avis, quelle est la meilleure option ?

— L'aimer sans douter, l'épouser en étant heureux de démarrer une nouvelle vie…

— C'est illusoire ! **Vous souffrez parce que vous allez à l'encontre de ce que vous voulez vraiment, sous prétexte de faire du bien aux autres.** Vous ne faites que repousser l'échéance. Vous agissez comme les Bienfaisants qui ne s'écoutent pas. Osez affronter votre peur du rejet, ou vous resterez toute votre vie sur un chemin qui n'est pas le votre. **Ouvrez votre cœur et écoutez-le…** »

Nous étions tous les trois comme anesthésiés par nos échanges, le regard fixé sur le lac.

Arthuro nous salua et partit rejoindre sa famille. Nous ne savions pas si nous allions le revoir.

Ses mots défilaient dans ma tête et je sentis cette drôle de sensation qui s'apparente à un soulagement ; comme si je m'autorisais enfin à être à l'écoute des mes propres besoins.

« Lola, je vais nager un peu.

— Moi, je vais m'isoler dans le champ de coquelicots que j'ai aperçu tout à l'heure. Je vais prendre le temps de parler à mon enfant intérieur, j'ai tant de choses à lui dire. »

Chapitre 12 : Les confidences

Allongé dans ma tente, je n'arrivais pas à dormir.

Joana, tu ne comprendrais pas cette quête, je le sais. Fille unique, tu as suivi la voie que ton père avait choisie pour toi, tu es devenue Directrice d'école. Il était ouvrier et voulait que sa fille ait un niveau social élevé. Etait-ce vraiment ton chemin ? Je ne t'ai jamais posé la question.

Je repensai à notre rencontre.

J'avais vingt ans quand je t'ai rencontrée ; tu es venue vers moi pour m'inviter à danser en me lançant un verre d'eau au visage parce que je n'étais pas venu te courtiser. En y réfléchissant bien, cette rencontre était plutôt surprenante.

Le hululement d'une chouette me sortit de mes pensées ; j'en profitai pour surveiller le feu. Cette chaleur agréable me motiva à m'assoir et je me laissai hypnotiser par les flammes.

Joana, depuis mon retour au Pays de la Félicité, je ne cesse de me poser des questions et cela me perturbe. Je ne me suis jamais demandé ce que je voulais dans ma relation amoureuse. J'ai suivi le cours de la vie : une rencontre, un sentiment amoureux, et une demande en mariage. Est-ce que tu m'aimes pour ce que je fais ou pour qui je suis ? Espero m'avait dit :

Si l'estime que tu as de toi dépend de ce que tu fais et que tu n'aimes pas la personne que tu es, alors tous les ingrédients sont là pour tomber malade.

Je me mis à pleurer.

La femme que je vais épouser m'aime-t-elle réellement pour ce que je suis ou pour ce que je représente ? Et moi ? Ai-je appris à m'aimer ? Est-ce que j'aime celui que je suis devenu ? Un homme qui ne sait même pas ce qu'est l'Amour.

Je repensai alors à la pièce de théâtre et à ce que j'avais lu.

L'amour inconditionnel c'est certes aimer l'autre sans condition, et c'est aussi l'encourager à être vraiment lui-même, et lui présenter chaque jour son plus beau reflet.

Je séchai mes larmes, je fermai les yeux, inspirai profondément et me laissai aller à mes ressentis. Une idée me traversa l'esprit :

Pour savoir si tu aimes profondément quelqu'un, demande-toi si tu as envie d'être là pour son dernier souffle, lui tenir la main et l'accompagner dans son dernier voyage.

Je ressentis le besoin d'écrire. Je pris dans mon sac la plume, l'encre et le carnet que j'avais emportés :

Quelle direction est-ce que je veux prendre ?

Espero est un exemple pour moi parce qu'il a su dépasser ses peurs en travaillant sur ses blessures du passé. Son talon d'Achille, la perte de sa femme, est devenu sa force. Il s'est créé ses propres croyances positives, il a appris à gérer ses émotions.

L'altruisme, la bienveillance et la générosité sont les trois grandes qualités que j'admirais chez lui.

Si je n'avais aucune contrainte, que j'avais toutes les ressources nécessaires et que tout était possible, que ferais-je ?

Si tout était possible ? Je reprendrais mes études et suivrais les enseignements d'Espero. Je prendrais la relève. Je viendrais m'installer dans le clan des Aventureux et j'enseignerais la Vie aux enfants. Je garderais l'architecture comme une passion.

Que me manque-t-il pour y arriver ?

Le courage de tout quitter en dépassant mes blocages, la confiance en la vie (suivre mon chemin et me laisser porter par les signes) et l'Amour.

L'Amour… Il me manque l'Amour. Aimer ce que je suis, aimer la personne avec qui je vis et être aimé en retour.

« Je ne peux pas épouser Joana. Il est temps que je reprenne ma vie en main ! »

Le lendemain, au réveil, je sentis que je m'étais libéré d'un poids. J'avais l'intime conviction que cette journée allait changer ma vie.

Etrange.

La plume

Pour savoir si tu aimes profondément quelqu'un,
demande-toi si tu as envie d'être là pour son dernier
souffle, lui tenir la main et l'accompagner dans son dernier
voyage.

Chapitre 13 : La visite

Au même moment, un événement se produisait dans le clan des Laborieux…

Mon père était installé dans son jardin près du puits. Mon mariage le souciait car il n'avait toujours pas obtenu l'accord du chef du village pour la célébration de la cérémonie. Il se demandait ce qu'allait penser ma future femme.

Ma mère s'approcha :

« Je te sens soucieux Manuelo.

— Oui, tu as raison. Notre fils va se marier et je n'ai pas l'accord du chef.

— Est-ce vraiment ce qui te préoccupe ? »

Mon père baissa la tête, puis :

« En fait, je vais être honnête avec toi. Ce mariage signifie que notre fils ne viendra pas s'installer au pays de la Félicité. Tu sais, je ne suis pas fier d'avoir ces pensées. Mais j'ai toujours eu espoir au fond de moi que Victor reviendrait un jour. Qu'il ferait comme Espero.

— Je ressens la même chose Manuelo.

— Excusez-moi ! Excusez-moi ! Monsieur et Madame Valeur ? Puis-je entrer ? »

Mon père regarda cette jeune femme très apprêtée gesticuler devant le portail.

« Je suis Joana ! Navrée d'arriver à l'improviste. Victor ne m'attendait pas avant le début de la semaine prochaine.

— Joana ? Nous sommes enchantés, venez donc nous rejoindre. Nous parlions justement de vous. »

Joana s'approcha timidement. Elle semblait nerveuse et mal à l'aise.

« En fait, je venais voir Victor. Est-il ici ?

— Il est parti faire une randonnée, il sera de retour demain. Mais vous pouvez vous installer dans la maison d'Espero en attendant. Vous êtes la bienvenue.

— Je vous remercie. En fait… Je voulais lui parler. Je ne peux pas rester. Pourrez-vous lui donner ceci s'il vous plait ? »

Joana tendit une enveloppe à mon père, elle tremblait.

« Oui bien sûr, vous ne voulez pas l'attendre ? Il sera très content de la surprise. »

Joana sourit, son regard dégageait beaucoup d'inquiétude.

« Je suis heureuse d'avoir fait votre connaissance. »

Joana se dirigea vers le portail, puis elle s'arrêta quelques secondes. Elle se retourna vers nous :

« Je suis désolée. Vraiment désolée… »

Elle se mit à pleurer et partit en courant.

Inquiets pour cette jeune femme qui semblait ne pas aller bien, mes parents décidèrent d'ouvrir la lettre. Un objet tomba dans l'herbe. La bague de fiançailles que je lui avais offerte. Mes parents se regardèrent, mirent la bague dans l'enveloppe et décidèrent de ne pas lire le courrier. Ils avaient compris.

« Pauvre Victor, comment va-t-il vivre cette situation Manuelo ?

— Je vais demander à Hugo de m'accompagner ; notre fils a besoin de moi. Je vais lui apporter cette lettre. Peux-tu préparer deux sacs de couchage et de quoi manger ? Nous partirons en début d'après-midi, nous pourrons ainsi arriver avant le coucher du soleil. »

Mon père partit rejoindre Hugo pendant que ma mère préparait les affaires. Hugo n'hésita pas. Mon père confia à son ami qu'il était très inquiet pour moi et qu'il ne savait pas comment il allait m'annoncer la nouvelle.

Ils partirent vers 15h. Sur le chemin, alors qu'ils s'apprêtaient à faire une halte, ils croisèrent deux jeunes bergers qui partaient retrouver leurs troupeaux.

« Bonjour Messieurs, faites attention en vous asseyant sur les rochers au pied de l'eau, les serpents s'y cachent ! Ils ne sont pas dangereux mais ils surprennent !

— Bonjour, merci de nous avoir prévenus ! Nous serons prudents.

— Bonne Aventure à vous Messieurs ! »

Ils posèrent leurs sacs à dos et décidèrent de se reposer un peu.

« Tu sais Manuelo, Lola est une jeune femme extraordinaire. Mais je crois qu'elle s'empêche de vivre ; j'espère qu'elle ne se sacrifie pas pour sa mère et moi. J'aimerais tellement qu'elle soit heureuse.

– As-tu envisagé d'avoir une discussion avec elle ? Elle a peut-être besoin d'entendre certaines choses ? En attendant, regarde ce que j'ai apporté. »

Mon père sortit une bouteille d'un alcool local de son sac. Ils trinquèrent en se remémorant les bons souvenirs et pour oublier un peu l'épreuve qui les attendait. Il leur restait une heure de marche environ mais après le premier verre vint le second, jusqu'à finir la bouteille. N'ayant que peu mangé au déjeuner, l'alcool fit rapidement son effet. Ils arrivèrent vers 22h en titubant et en chantant.

Nous étions assis autour du feu et fûmes surpris de les voir. Ils posèrent leurs sacs à dos et s'installèrent en poussant un cri de soulagement. Ils étaient épuisés et se mirent à rire.

Lola et moi contemplions la scène, leur hilarité était communicative.

Surpris, je leur demandai :

« Que faites-vous ici ?

— Bah, on avait envie de vous voir ! Le chemin était long !!! Et je crois qu'on s'est un peu perdus. Hein Hugo ?

— Vous êtes partis à quelle heure ?

— 15h !

— Vous avez mis tout ce temps ? »

J'éclatai de rire en comprenant que l'acool leur avait fait perdre leur orientation. Lola se mit à hurler :

« Un serpent ! Il est sorti de ton sac papa !

— Ah ? Bah les bergers avaient raison ! »

Ils pouffèrent de rire. Nous ne comprenions pas grand-chose et surtout nous nous demandions ce qu'ils faisaient là. Nous les aidâmes à sortir leurs sacs de couchage pour les installer près du feu à la belle étoile. A peine allongés, ils s'endormirent en ronflant.

« Bonne nuit Victor, nous en saurons plus demain matin.

— Bonne nuit Lola. Je vais rester encore un peu pour méditer sur ce que m'a dit Arthuro. »

Chapitre 14 : le changement

Mon père me réveilla très tôt le lendemain.

« Viens Victor, j'ai quelque chose à te dire. »

M'étant couché tard la veille, je pris un peu de temps avant de le rejoindre. Il s'était éloigné pour qu'on soit isolés.

« Victor, j'ai une lettre pour toi. Joana est venue la déposer hier.

— Une lettre ? Joana ? Elle va bien ? Pourquoi est-elle venue, elle ne devait pas arriver avant la semaine prochaine ! »

Je tremblais, je savais que quelque chose n'allait pas. Joana n'était pas le genre de femme à arriver à l'improviste juste pour le plaisir. Alors que j'ouvrais l'enveloppe, mon père mis la main sur mon épaule :

« Si tu as besoin, je suis juste là. »

Il s'éloigna. Je vis la bague de fiançailles. Je sentis les battements de mon cœur s'accélérer.

Victor,

Existe-il une manière douce pour annoncer des nouvelles tristes comme celles que je m'apprête à te dévoiler ?

Nous nous connaissons depuis des années, et je suis fière de t'avoir rencontré car tu m'as permis d'être la femme que je suis devenue. Tout s'est enchaîné : ma carrière, notre vie de couple, la demande en mariage… Nous étions tellement jeunes.

Je sens que tu n'es pas heureux. Je te prive d'être celui que tu veux être. Tu n'es pas fait pour cette vie rangée où la réussite est le moteur. Tu t'es adapté. Ton regard est triste, tu t'es éteint au fil des années. Il s'illumine lorsque tu me parles du pays de la Félicité, de Robin, de César, de tes parents, d'Espero…

Je ne peux pas épouser un homme qui n'a pas envie de partager ma vie. Tu te mens à toi-même.

Je suis malheureuse et ma démarche n'est pas des plus simples.

Je te rends ta liberté avant que tu ne la prennes, trop tard peut-être. Si tu te demandes si j'avais envie de me marier, la réponse est oui. Lorsque tu m'as fait ta demande, je me suis sentie tellement heureuse. Mais pas pour les bonnes raisons. Mon ego était flatté, j'allais réaliser le rêve de nombreuses jeunes femmes.

Victor, je ne t'aime plus de cet amour qui fait pousser des ailes et qui donne envie de se dépasser. Je veux que tu redeviennes le Victor dont tu me parles toujours et que j'ai connu au début de notre relation. Tu avances machinalement dans une vie qui ne te correspond pas. Alors, je te libère.

Tu resteras à jamais une personne importante pour moi.

Tendrement.

Joana

Je pliai la lettre.

« Pardonne-moi de t'avoir tant fait souffrir. Oui, je te parle à toi, mon enfant intérieur. Je te sens blessé, rejeté et cela te fait de la peine. »

Je pris une profonde respiration.

« Joana ne t'a pas abandonné, elle t'a libéré pour que tu deviennes celui que tu veux vraiment être. L'enfant que tu es ne le comprend pas et je sens dans mon ventre cette douleur ; l'adulte lui est presque soulagé. Alors si tu veux bien, nous allons traverser cette épreuve ensemble. Lorsque tu te sentiras triste, je te consolerai. Et lorsque je m'enfermerai dans ma carapace hermétique aux émotions, tu seras là pour m'aider à en sortir. Je n'ai pas tenu compte de tes rêves, je t'ai négligé et tu t'es éteint. Tu fais partie de moi, je me suis construit grâce à toi, tu as été là à chacun de mes choix, tu as essayé de me guider et je ne t'ai pas entendu. Alors écoute-moi : je te fais la promesse de ne plus oublier nos rêves. »

Je me levai et pris mon enfant intérieur dans les bras oubliant que Hugo, Lola et mon père me regardaient, inquiets. Je l'imaginai devant moi vêtu de sa salopette bleue et son polo blanc, souriant, le visage angélique. Il était heureux. Je m'approchai de mon père :

« Joana m'a quitté. Le mariage n'aura pas lieu. »

Ils me regardaient tous les trois ne sachant pas comment réagir. Les larmes coulaient sur mon visage.

« Papa, je reviens vivre au Pays de la Félicité et je veux poursuivre l'œuvre d'Espero. Si les Aventureux veulent bien de moi, je m'installerai dans son chalet en bois. J'ai beaucoup de choses à apprendre et je guérirai en partie en aidant les autres. C'est ce que je veux au plus profond de moi. Il m'a fallu prendre des chemins bien sinueux pour arriver à cette décision. »

Mon père était très ému. Il sortit une bouteille de son sac et me répondit :

« Victor, trinquons à cette décision. J'avais peur que tu te sentes abattu en apprenant que Joana te quittait. Et je crois que c'est ce que tu voulais au fond de toi. Je suis heureux de savoir que tu reviens t'installer près de nous.

— Je dois faire le deuil de plusieurs années de relation avec Joana, elle a été mon repère, et la femme que j'ai aimée. Je vais avoir besoin de temps. Dans une rupture, plusieurs paramètres rentrent en ligne de compte : nos propres blessures, le manque, l'idéalisation que l'on fait d'une relation qui pourtant était loin d'être parfaite… C'est humain, nous nous raccrochons à ce que nous connaissons et qui nous rassure. Mais ma décision de rester me donne des forces. Merci Joana d'avoir eu le courage de me dire ce que tu ressentais. Je lui écrirai en retour.

— Je comprends mieux pourquoi tu te plaignais du poids de ton sac ! Dis-moi, tu as emporté combien de bouteilles avec toi ?

— C'est la dernière Hugo, je te promets. J'ai suffisamment mal à la tête comme ça ! »

Nous nous retrouvâmes tous les quatre autour du lac. Exactement ce dont j'avais besoin.

Arthuro avait raison. **Mon interprétation de la situation me faisait davantage souffrir que la situation en elle-même.** *Mes peurs étaient tellement présentes qu'elles m'aveuglaient. Et finalement, c'est Joana qui a pris la décision.*

Je me souvins alors de ce m'avait dit Arthuro :

Le jour où tu rencontreras Victor commencera alors le début d'un grand changement.

Une étoile attira mon attention. Elle scintillait dans le ciel juste au dessus de nous. Le vent se leva subitement et souffla sur le feu, puis plus rien.

Espero…

Chapitre 15 : Le Manuscrit

Lola est là, face à mes élèves, attendrie par le récit qu'elle vient de leur raconter, l'histoire de la découverte du Manuscrit.

— Vous avez beaucoup de chance de découvrir Le Manuscrit à votre âge, à l'aube de votre majorité. Vous avez toute la vie pour le mettre en application. Je vous suis depuis un an, je vous ai fait découvrir beaucoup de choses et à la veille de la signature du Pacte des Lois de la Vie, il me semble important de vous transmettre certaines vérités. A l'époque, ce Pacte était un tel engagement que Victor ne l'avait pas signé. Aujourd'hui, c'est un certificat d'appartenance à votre clan, son obtention est une fierté personnelle. Les choses ont bien évolué… Bien, je vous souhaite un bon appétit ! Merci de penser à apporter chacun un verre cet après-midi, vous comprendrez pourquoi. A toute à l'heure. »

Lola ferme le livre, range son bureau, puis :

« Tu avais raison Victor, les temps ont changé. Il est important que ce Manuscrit soit connu de tous pour que le Grand principe puisse se transmettre aux futures générations ! Regarde, Isadora est prête ! »

Assis au fond de la classe, je regarde par la fenêtre, j'aperçois ma fille Isadora. Elle a suivi notre chemin, elle enseigne.

Comme elle est belle ! Les mêmes cheveux roux que toi… Mon amour, ma merveilleuse femme. J'ai découvert l'Amour cinq ans après notre escapade au mont des Révélations. J'avais besoin de me retrouver, je me suis installé dans le clan des Aventureux et je me suis plongé dans l'étude du Manuscrit. Puis un jour, alors que tu étais venue prendre de mes nouvelles comme tu le faisais tous les ans, je t'ai invitée à dîner. Au moment du dessert, je t'ai dit à quel point je t'aimais. Nous savions tous les deux que nous nous aimions. Je me souviens exactement de mes mots :

Aujourd'hui, je peux enfin de le dire, je t'aime, je t'aime de plus en plus chaque jour ; je t'aime de cet Amour indestructible qu'on ne rencontre qu'une seule fois dans sa vie.

Tu es mon évidence, tu es ma Vie.

J'ai pris le temps de me reconstruire pour bâtir notre Amour sur des fondations solides. Reste avec moi, pour cette nuit, pour quelques jours, pour la Vie…

Tu t'es précipitée en me sautant au cou :

J'ai cru que tu ne me le demanderais jamais !

Trois ans plus tard, nous nous sommes mariés et Isadora est née. J'avais 40 ans, l'âge de notre fille aujourd'hui. Le jour de notre mariage, j'ai pris la parole pour te dire les mots suivants :

Je te fais la promesse de t'aimer sans condition, de t'encourager à être vraiment toi-même et de te présenter chaque jour ton plus beau reflet.

Tu étais tellement émue…

Chapitre 16 : L'amour inconditionnel

Je m'installe dans la salle de classe et regarde Lola s'adresser aux élèves :

« Bien, je vois que vous avez toutes et tous apporté un verre. Imaginez que c'est un vase et qu'il représente votre vie. Lorsque nous arrivons au monde, nous sommes comme ce vase qui est vide. La naissance et l'enfance sont des moments importants de notre construction. Au départ, ce vase sera rempli par nos parents, nos proches, nos enseignants et toutes les personnes qui sont en contact avec nous. Plus leurs messages seront positifs, plus le vase se remplira d'une eau claire et limpide, plus vous aurez une bonne estime de vous-même.

— Lola, tu veux dire que l'estime de soi dépend de l'Amour que l'on a reçu ?

— Oui Ana mais surtout de la manière de communiquer cet Amour.

— Tu veux dire qu'on peut ne pas se sentir aimé même si nos parents nous aiment ?

— C'est bien ça Ana. Parfois, ils ne savent pas l'exprimer mais parfois, c'est nous qui ne savons pas interpréter leurs paroles ou leurs actions, et nous ne nous sentons pas aimés. Voici des exemples de messages positifs : tu es beau ou belle, tu es un être merveilleux, tu es intelligent, je suis fière de toi, tu vas être une belle personne…

— Et si on ne reçoit pas ces messages ?

— Il se peut que le vase ne se remplisse qu'au tiers ou à moitié, ou que cette eau soit trouble. Vous souffrirez alors d'une faible estime de vous-même. »

Lola regarde ses élèves qui semblent très attentifs, puis :

« Selon vous, peut-on remplir le vase une fois adulte ?

— Je pense que oui Lola. Il faut rencontrer d'autres personnes qui nous disent de belles choses. Et on pourra y mettre de beaux bouquets !

—Oui Inês, le vase peut-être rempli une fois adulte. Mais uniquement par toi-même. Tu ne peux pas attendre des autres qu'ils le fassent pour toi, c'est ton travail personnel. Ou ton bien-être dépendra toute ta vie des autres. Et tu ne peux pas en vouloir à tes parents, ils ont fait de leur mieux. Comment faire selon vous ? »

Le silence règne dans la salle de classe.

« Bien, je vais vous aider. Prenez votre verre et aller dans le jardinet dehors. Mettez un peu de terre au fond. »

Les élèves s'exécutent. Quelques minutes plus tard :

« Maintenant, je vais mettre de l'eau dans vos verres. »

Les élèves la regardent un peu étonnés et s'en amusent.

« Voilà, vous avez tous devant vous vos verres pleins d'eau sale. A votre avis, que devez-vous faire pour que l'eau soit limpide ? »

Après un moment de silence

« Vous devez vider la terre et l'eau sale. Vous n'avez pas d'autres choix. Vous devez donc vous débarrasser de vos émotions et de vos pensées négatives qui viennent de vos blessures. Ces blessures qui sont ancrées en vous depuis l'enfance et qui se rejouent encore et encore. Une fois ces blessures détectées, parlez à votre enfant intérieur, celui qui a été blessé. Nous verrons demain comment travailler sur ces émotions et ces pensées.

— Alors il suffit de parler à notre enfant intérieur pour aller mieux ?

— Il faut l'aider à guérir Bastiano. L'adulte que vous allez devenir va agir en fonction de sa propre histoire.

— Mais, nos parents nous ont inculqué des croyances et des valeurs. Nous devons tout effacer et recommencer ?

— Non Bastiano. Vos valeurs vous guident. Par contre, certaines croyances peuvent être bloquantes et engendrer des émotions et des pensées négatives. Alors, il faudra les changer. Je vais te donner un exemple : si tu as comme croyance que l'école ne sert à rien, à chaque fois que tu te lèveras le matin, tu seras frustré et tes pensées ne seront pas positives : je perds mon temps, …Tu comprends ?

— Oui Lola » répond Bastiano en rougissant.

Bastiano n'étant pas l'élève le plus motivé, sa réaction amuse la classe.

« Apprenez à vous aimer de manière inconditionnelle, en ayant conscience de vos qualités, et aussi de vos points à améliorer, de vos blessures, de vos pensées et de vos émotions négatives récidivantes. La prise de conscience est une première étape vers la cicatrisation. Je vous libère et vous laisse méditer. »

Les élèves sortent de la classe. Lola est pensive :

« Victor, mon Amour, je viens d'aborder le chapitre que tu préfères ! Demain, nous retournerons au moulin avec Isadora, puis, nous irons au cimetière sur la tombe de tes parents. »

« *Maman, Papa … Isadora vous a rendus heureux. Vous étiez tellement fiers de votre petite fille ! Papa, tu allais la chercher à l'école tous les mercredis et tu la ramenais en brouette ! Je me souviens… Elle vous adorait ! J'ai pu profiter de vous et vous voir heureux. Papa, tu t'es endormi dans ton sommeil à l'âge de 89 ans. Et toi, maman, tu es partie le rejoindre une semaine après. Tu avais senti que le souffle de la vie s'était éteint en lui, la vie n'avait plus la même saveur.* »

Il est temps de retrouver Isadora.

Chapitre 17 : l'Adieu

« Oncle César, Oncle Robin, je suis heureuse que vous soyez venus. C'est un jour important pour nous, vous le savez. Votre présence est un soutien précieux. Vous faites partie de la famille, celle que nous nous sommes construite. Vous avez toujours été là pour nous. »

Robin et César ont vieilli et ils sont en bonne santé. Nous sommes restés très proches. Ils ont vu grandir Isadora qui les a toujours considérés comme ses oncles.

« Robin, je crois que c'est le moment… Il est temps qu'Isadora connaisse le coté espiègle bien caché de son père ! »

Je regarde mes vieux amis et je souris en levant les yeux au ciel, me demandant ce qu'ils vont bien pouvoir raconter. *Pourvu qu'ils ne racontent pas l'histoire de la gouttière …*

« Et bien, je ne sais pas ce qu'en pense Victor, mais je suis d'accord avec toi César ! Raconte ! » lança Robin amusé.

« Un jour, alors que Victor était en classe, Robin et moi étions venus le rejoindre. A l'époque, nous n'avions pas le droit de fréquenter les mêmes écoles, nous nous retrouvions en fin de journée au parc. Il devait avoir 16 ou 17 ans de mémoire ; ce qui est certain, c'est qu'il avait déjà fait le chemin des Intentions avec son père. Il s'asseyait toujours près de la fenêtre pendant le cours de musique pour pouvoir regarder dehors. Il détestait le solfège et ne supportait pas la flûte !

— Et il nous avait dit un jour que s'il pouvait, il s'enfuirait par la gouttière !

— C'est ça, et du coup toi Robin, tu l'as pris au mot ! Ce jour-là, nous sommes arrivés dans la cour et l'avons vu par la fenêtre au 2ème étage de cette vieille école des Laborieux. Nous lui avons fait signe jusqu'à ce qu'il nous voit. Il avait le menton posé sur sa main et semblait s'ennuyer. »

Isadora écoute très attentivement, émue aux larmes. Elle a toujours été très fière de moi et savoure ces moments pleins de nostalgie.

Lola semble pensive, elle fixe César un sourire attendrissant figé sur son visage.

« Il nous fit signe d'un geste de la main pour nous dire de patienter. Je ne sais pas toi César, mais je le vois encore à travers cette fenêtre, préparant son escapade !

— Je me souviens, dit César en riant.

— Et subitement, il s'est glissé par la fenêtre entrouverte, s'est accroché à la gouttière et a commencé sa descente.

— Sauf qu'à mi-parcours, la goutiè…

— Oncle César, arrête de rire comme ça, je ne comprends rien, lui dit Isadora en lui posant la main sur son épaule.

— La gouttière s'est décrochée ! réussit-il enfin à dire.

— Et ton père a basculé, accroché à la gouttière ! Et il a croisé le nouveau directeur Mr Riposte qui était sorti faire une pause.

— Imagine la scène Isadora, ton père qui retombe au sol en fixant le directeur ! Ne sachant plus quoi faire, il nous a rejoints en courant et nous nous sommes cachés dans les toilettes. C'était ridicule.

— Ce que tu ne dis pas César, c'est que nous nous sommes réfugiés dans les toilettes, nous enfermant à clef et que nous avons bloqué la serrure. Mr Riposte était furieux ! Il nous demandait de sortir mais nous étions coincés. Ils ont du appeler le serrurier.

— Oui, quelle honte ! Lorsqu'ils ont enfin pu ouvrir la porte, ils nous ont trouvé tous les trois dans les toilettes souriant bêtement. Et bien entendu, nous avons été punis. »

C'est tellement agréable de pouvoir partager ces moments avec les personnes qui comptent pour moi. Je regarde ma fille, ma femme… Lola est triste.

« Mes amis, ma fille. Il est temps de poser la plaque sur sa tombe. »

Lola déballa une jolie plaque de pierre sur laquelle était taillé en relief deux personnages : un homme et une femme sur un balcon. L'homme était de face et la femme semblait lui murmurer quelque chose à l'oreille. Lola prit la parole :

« C'est le symbole de l'Amour éternel. »

Je pouvais lire les inscriptions suivantes :

À Victor, qui a su écouter son cœur pour trouver son chemin et a tout mis en œuvre pour être heureux. Sa quête était L'Amour.

« Papa, un an déjà que tu es parti. Maman et moi déposons cette plaque aujourd'hui entourées de nos amis, elle représente l'Amour éternel. Une femme qui murmure à ton oreille à quel point elle t'aime. Nous cherchions un symbole fort pour représenter l'amour inconditionnel. Comme tu as été aimé papa… et tu le seras pour toujours.

— Victor, je te parle comme si tu étais là parmi nous. Et parfois, je sens ta présence. Hier encore, j'ai eu l'impression que tu étais assis au fond de la classe alors que je fermais le livre que tu nous as légué avant de partir à jamais ; le livre de tes mémoires que je lis à nos élèves avant qu'ils signent le Pacte des Lois de la Vie. Sur la couverture doré, tu as gravé : **Espero, que ton secret soit dévoilé**. Tu nous manques Victor. »

Lola est émue.

Une petite plume blanche se pose sur ses cheveux.

Lola, Isadora, mes amis, je serai toujours là près de vous.

Pour l'éternité…

Apprenez à vous aimer de manière inconditionnelle, en ayant conscience de vos qualités, et aussi de vos points à améliorer, de vos blessures, de vos pensées et de vos émotions négatives récidivantes. La prise de conscience est une première étape vers la cicatrisation.

Mes amis, racontez-moi l'Amour et l'Amitié…

Au vu de l'expérience que je viens de vivre, j'ai décidé de parler d'Amour …

Je ne pensais pas revivre de pareils moments. Tout semblait s'effondrer autour de moi. Ce mot « Amour » n'avait plus vraiment de sens. Et pourtant c'est arrivé (une très jolie jeune fille me l'avais prédit).

L'amitié ressemble à de l'Amour, mais rien ne peut remplacer l'Amour. On a des amis pour très longtemps, voire pour toujours. Ces véritables amitiés sont inconditionnelles et traversent les époques.

L'Amour est beaucoup plus fragile. Il se nourrit de l'autre, élimine les peurs, les chagrins, rend heureux mais il peut aussi rendre malheureux.

L'Amour c'est vivre avec l'autre, la regarder dormir, rire, pleurer, vieillir. On sait que les roses se fanent, mais on sait aussi qu'elles retrouvent leur jeunesse et leur beauté au printemps suivant.

L'amour demande de l'attention et beaucoup de tendresse. On se sent léger et libre dans le partage avec l'être aimé.

Pour conclure, la vie n'a pas de saveur sans Amour.

Henri

L'amitié serait pour moi cette relation qu'on peut vivre « *en distanciel* » et pas forcément « *en présentiel* », pour reprendre des termes très actuels. Mais l'Amitié vraie et sincère a un cœur innocent ; elle accepte, ne juge pas et est toujours là. Tant qu'elle vit, les amis ne sont jamais séparés. C'est pour cela que les vrais amis sont si rares et précieux ; et tu es mon Amie.

L'Amour… L'amour de soi, l'Amour des autres… Mes amis, ma famille, mes parents, mon mari, Mes ENFANTS… Mes VIES ! Ce sentiment qui m'appartient, qui a grandi en moi et continue de grandir en nous…

En ce qui me concerne, c'est l'Amour de mes enfants. Cet Amour envers et contre tous. Celui qui te rend Vivante, celui qui te rend si grande ! Et parfois si petite… C'est ce « *je t'aime à l'infini multiplié par l'infini, au-delà de l'infini !* » que l'on s'échange tous les jours. C'est l'Amour visible dans un regard, un sourire, un câlin, et même dans des larmes …

J'ai appris à aimer quand ma fille est née. J'avais peur de ne plus jamais savoir aimer un autre petit être aussi fort. J'ai découvert que l'Amour d'une maman se démultiplie et j'ai aimé mon fils aussi fort, entouré de bien plus d'Amour encore, car celui de sa sœur était une force !

L'Amour est un présent, c'est eux qui me l'ont offert.

Elia

L'Amour, c'est rire ensemble au petit déjeuner même après trente ans…

Pascale et Patrick

104

L'Amour,

C'est le Nous, une place pour chacun.
Aimer, c'est ressentir un manque avant même que l'autre
s'absente, avoir envie de se voir, de partager, d'être ensemble,
sentir la présence de l'autre même quand on est seul.
Savoir qu'il fait partie intégrante de moi.
Etre aimé, c'est sentir que l'autre accepte qui tu es sans
condition.
L'Amour représente une entité composée de trois identités, un
va et vient entre le JE, le TU et le NOUS.

L'Amitié,

C'est ce lien véritable qui unit deux personnes, c'est toi
Felicidade. On se reconnaît, on s'accepte, on s'écoute. C'est se
comprendre sans avoir besoin de parler, c'est être là sans pour
autant se contacter ou se voir tous les jours. C'est ce sentiment
de s'être parlé la veille, même si des années ont passé depuis
notre dernière rencontre. C'est être là, sans jugement. C'est être
parfois en désaccord et l'accepter.

L'Amour et l'Amitié ont tellement de points communs… La
complicité, la confiance, la bienveillance, l'entraide, le soutien,
les confidences, le partage, l'honnêteté…

Marie-Céleste

L'Amitié, c'est cette relation privilégiée entre deux personnes qui, quoi qu'il arrive, savent qu'elles peuvent compter l'une sur l'autre, dans les bons comme dans les mauvais moments. C'est être heureux des évènements positifs qui arrivent dans nos vies.

Cédric et Philippe

L'Amitié, c'est …

Deux (ou des) êtres qui ne s'uniront que par la pensée,
La joie des uns fait le bonheur des autres,
Le bonheur des uns fait la joie des autres,
Savoir écouter, entendre et apprécier les silences,
Etre présent dans les pires moments même quand l'autre ne demande rien,
Ne rien demander et recevoir,
Ressentir, pressentir et oser intervenir,
Etre empathe… mais pas tarte (☺ je viens de me rendre compte du jeu de mot !)
Etre bienveillant… mais pas surveillant,
Contempler le lac en chaussettes trouées et se marrer…

Sandrine

L'Amour…

Il existe plusieurs formes d'Amour. L'Amour maternel, l'Amour
filial, l'Amour de Dieu, l'Amour physique, l'Amour passionnel,
l'Amour platonique…

L'Amour inspire toutes nos actions. Deux êtres qui s'aiment et
qui regardent dans la même direction. C'est ce lien profond et
puissant qui nous unit.

On donne de l'Amour aussi pour en recevoir, comme les câlins,
se donner la main ou dormir l'un contre l'autre. Le contact
physique nous ramène à notre animalité, à notre besoin
d'Amour primaire, disons chimique et émotionnel.

Pour moi, l'âme sœur est l'alliage de l'esprit et du corps. L'âme
sœur, la personne qui attise nos passions, qui nous met au défi
et nous fait évoluer. A son contact, cette impression de la
connaitre depuis toujours nous déstabilise parfois. Elle nous
attire, et cette attirance profonde va au-delà du physique.
Émotionnellement, elle nous embrase.

Dominique

L'Amour colore notre univers d'émotions positives telles la joie,
la bonté, la compassion…

Excepté quand l'Amour se teinte de passion et entraine avec lui
son lot de frustrations et de conflits. Mais est-ce bien de
l'Amour ?

Quand l'un apporte la souffrance, l'Amour quant à lui, apporte
la joie, la sérénité… la Vie.

Martine

Pour moi, l'Amitié est la complicité sans sentiment amoureux entre au moins deux personnes, le partage de bons comme de mauvais moments. Une relation qui dure dans le temps quelque soit les évènements de la vie, quelque soit les opinions de chacun ; l'ami reste fidèle au poste en cas de coup dur. L'ami partage les rires et les peines sans contrepartie.

Agnès

J'ai longtemps pensé que l'on ne pouvait avoir que des amis d'enfance, la vie m'a démontré que les amitiés adultes pouvaient être tout aussi durables et intenses.

Sylvie

En Amour comme en Amitié, l'échelle de valeur la plus forte pour être bien entouré est de se poser la question suivante :

Quelles sont les personnes dont nous souhaiterions la présence, prendre la main, échanger un sourire, dire un petit mot avant le Grand Voyage ?

Moi, je le sais déjà, et c'est ce qui me rend heureux !

Franck Massiou

Retrouvez-moi sur mon site internet :

www.felicidademassiou.com

ou

sur ma **Page** facebook :

Quel livre de développement personnel choisir ?

Imprimés à la demande
Dépôt légal Décembre 2020